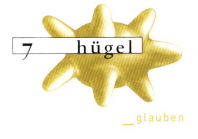

7   hügel

_glauben

7 hügel——Bilder und Zeichen des 21. Jahrhunderts

v)glauben

WELTRELIGIONEN ZWISCHEN TREND UND TRADITION

Herausgegeben von Bodo-Michael Baumunk und Eva Maria Thimme

Henschel | Berliner Festspiele

7 hügel——Bilder und Zeichen des 21. Jahrhunderts 14. Mai — 29. Oktober 2000

im Martin-Gropius-Bau Berlin Eine Ausstellung der Berliner Festspiele

Ermöglicht durch die Stiftung Deutsche Klassenlotterie Berlin

SCHIRMHERR **Bundespräsident Johannes Rau**

VERANSTALTER **Berliner Festspiele GmbH** Intendant **Prof. Dr. Ulrich Eckhardt** | Geschäftsführung **Hinrich Gieseler**

AUSSTELLUNGSLEITUNG **Bodo-Michael Baumunk, Gereon Sievernich**

——IMPRESSUM I) **kern** Wissenschaftliche Konzeption **Dr. Peter Bexte** | Gestaltung **Ken Adam, London** | Wissenschaftliche Mitarbeit **Livia Bade, Ulrike Goeschen, Maria Kayser, Tilo Plake** II) **dschungel** Wissenschaftliche Konzeption **Dr. Jasdan Joerges** | Die Abteilung Dschungel wurde bis Dezember 1998 von **Eleonore Hein** konzeptionell betreut | Gestaltung **Tina Kitzing, Augsburg** | Wissenschaftliche Mitarbeit **Daniela Kratzsch, Anne Pfeil** III) **weltraum** Wissenschaftliche Konzeption **Dr. Ralf Bülow** | Gestaltung **Charles Wilp, Düsseldorf** | »Mondhaus« **Hans-J. Schmitt** | Wissenschaftliche Mitarbeit **Ekkehard Endruweit** IV) **zivilisation** Wissenschaftliche Konzeption **Dr. Thomas Medicus** | Die Abteilung Zivilisation wurde seit August 1999 von **Jean-François Machon** betreut | Gestaltung **Lebbeus Woods, New York** | Wissenschaftliche Mitarbeit **Jean-François Machon** V) **glauben** Wissenschaftliche Konzeption **Eva Maria Thimme** | Gestaltung **Gerrit Grigoleit, Lars Gräbner, Berlin** | Wissenschaftliche Mitarbeit **Miriam Rieger** VI) **wissen** Wissenschaftliche Konzeption **Dr. Hendrik Budde** | Gestaltung **Edouard Bannwart, Berlin** | Wissenschaftliche Mitarbeit **Bernd Graff** VII) **träumen** Wissenschaftliche Konzeption **Dr. Margret Kampmeyer-Käding** | Gestaltung **Kazuko Watanabe, Berlin** | Wissenschaftliche Mitarbeit **Annette Beselin, Philipp von Hilgers, Saskia Pütz** ——WEITERE WISSENSCHAFTLICHE MITARBEIT **Dr. Anna Czarnocka-Crouillère, Dr. Michaela Diener, Sabine Hollburg, Christoph Schwarz, Maya Shikata-Bröker** ——PRODUKTION **Christian Axt** | Produktionsbüro **Josef Binder** (ab November 1999), **Joachim Bredemeyer, Andreas Glücker, Christoph Schmuck** (bis Dezember 1999), **Susanne Walther** | Lichtgestaltung **Michael Flegel** | Medientechnik **Dr. Reiner Chemnitius** | Statik **Gerd-Walter Miske** | Sekretariat **Ingrid Schreiber, Evelyn Simhart** | Modellbau **Monath & Menzel (Berlin), Dwayne Oyler (New York)** ——ORGANISATION Koordination und Leihverkehr **Sabine Hollburg, Regina Gelbert, Christoph Schwarz** | Ausstellungsbüro **Bärbel E. Fickinger, Claudia Simone Hoff, Michaela Illner, José Jupy, Elke Kupschinsky** | Projektverwaltung **Thomas Schwarz** | EDV-Betreuung **Dr. Saleh Salman** ——KONSERVATORISCHE BETREUUNG **Klaus Büchel, Ernst Bartelt, Friederike Beseler, Petra Breidenstein, Ekkehard Kneer, Rüdiger Tertel** ——KATALOG I) **kern** Redaktion **Dr. Peter Bexte** | Mitarbeit **Ulrike Goeschen** II) **dschungel** Redaktion **Dr. Jasdan Joerges** | Mitarbeit **Daniela Kratzsch und Anne Pfeil** III) **weltraum** Redaktion **Dr. Ralf Bülow** IV) **zivilisation** Redaktion **Dr. Thomas Medicus** | Mitarbeit **Jean-François Machon** V) **glauben** Redaktion **Eva Maria Thimme** VI) **wissen** Redaktion **Dr. Hendrik Budde** | Mitarbeit **Bernd Graff** VII) **träumen** Redaktion **Dr. Margret Kampmeyer-Käding** | Mitarbeit **Saskia Pütz** | Gesamtredaktion und Koordination **Dr. Michaela Diener, Elke Kupschinsky** | Bildredaktion **Christoph Schwarz** | Grafische Gestaltung *fernkopie:* **Matthias Wittig, Claudia Wittig, Stefanie Richter, Sonja Jobs, Antonia Becht** | Übersetzungen **Dr. Ralf Bülow** (Englisch), **Dr. Gerd Burger** (Englisch), **Hatice Demircan** (Englisch), **Youssef El Tekhin** (Arabisch), **Doris Gerstner** (Englisch), **Dr. Gennaro Ghirardelli** (Englisch), **Ulrike Goeschen** (Englisch), **Dr. Henning Schmidgen** (Englisch), **Andreas Vollstädt** (Englisch) ——PRESSE- UND ÖFFENTLICHKEITSARBEIT **Nana Poll, Annette Rosenfeld** | Mitarbeit **Anna Badr** | Übersetzungen **Liliane Bordier** (Französisch), **Anna Cestelli Guidi** (Italienisch), **Dr. Anna Czarnocka-Crouillère** (Polnisch), **Stephen Locke** (Englisch), **Veronika Mariaux** (Italienisch), **Maria Ocon Fernandez** (Spanisch), **Holly Jane Rahlens** (Englisch), **Christine Rädisch** (Russisch), **Maya Shikata-Bröker** (Japanisch) ——TRANSPORTE/VERSICHERUNGEN **Hasenkamp Internationale Transporte GmbH & Co. KG** | **Kuhn und Bülow Versicherungsmakler GmbH**

——VERLAGSIMPRESSUM **Die Deutsche Bibliothek – CIP-Einheitsaufnahme.** Ein Titelsatz für diese Publikation ist bei Der Deutschen Bibliothek erhältlich. ISBN 3-89487-344-2 **Kern** | ISBN 3-89487-345-0 **Dschungel** | ISBN 3-89487-346-9 **Weltraum** | ISBN 3-89487-347-7 **Zivilisation** | ISBN 3-89487-348-5 **Glauben** | ISBN 3-89487-349-3 **Wissen** | ISBN 3-89487-350-7 **Träumen** | ISBN 3-89487-356-6 **Gesamtpaket** |

Grafische Gestaltung *fernkopie:* **Matthias Wittig, Claudia Wittig, Stefanie Richter, Sonja Jobs, Antonia Becht** | Druck und Bindung **Westermann Druck Zwickau** | Printed in Germany | Gedruckt auf alterungsbeständigem Papier mit chlorfrei gebleichtem Zellstoff

_____ DANKSAGUNG FÜR BERATENDE MITWIRKUNG **Dr. Rolf Hanusch** Berlin **Prof. Dr. Rainer Kampling** Berlin **Prof. Dr. Karl-Heinz Kohl** Frankfurt am Main _____

DANKSAGUNG FÜR WISSENSCHAFTLICHE BERATUNG UND UNTERSTÜTZUNG **Dr. Snegi Bauer** Frankfurt am Main**Prof. Dr. Carsten Colpe** Berlin **Cathryn Cope-**

land New Orleans **Dr. Werner De Pauli-Schimanovich** Wien **Dr. Volkmar Enderlein** Berlin **Dr. Maria Gaida** Berlin **Dr. Manuela Fischer** Berlin **Dr. Hermann Forkl** Stutt-

gart **Dr. Sharon Gillermann** Santa Monica CA **Dr. Nina Gockerell** München **Hartmut Hanke** Holzhausen bei Kyritz / Brandenburg **Prof. Dr. Wolf-Dieter Heilmeyer** Berlin

Prof. Dr. Klaus Helfrich Berlin **Dr. Anne Hochuli-Gysel** Avenches, Schweiz **Roselyne Hurel** Paris **Dr. Mareile Irmler** Düsseldorf **Dr. Paola Ivanov** Berlin **Prof. Dr.**

Johannes Kalter Stuttgart **Heidrun Klein** Berlin **Dr. Carola Krebs** Leipzig **Dr. Jens Kröger** Berlin **Dr. Andreas Lüderwaldt** Bremen **Wolfgang Mantler** Wien **Prof. Dr.**

Tullio Maranhão Rio de Janeiro / St. Paul, MN **Prof. Dr. Martin Z. Njeuma** Buea, Kamerun **Dr. Vera Penteado Coelho** Vila Nova Conceição, Brasilien **Lars Rütz** Berlin **Dr.**

Markus Schindlbeck Berlin **Prof. Dr. Peter-Klaus Schuster** Berlin **Laurence Sigal** Paris **Prof. Dr. Josef Franz Thiel** Frankfurt am Main **Prof. Dr. Peter Thiele** Stuttgart

Werner Unseld Ludwigsburg **Friederike Weis** Berlin **Dr. Clara Wilpert** Basel **Prof. Dr. Marianne Yaldiz** Berlin **Prof. Dr. Gerhard Zimmer** Berlin

_____ UNTERSTÜTZENDE UNTERNEHMEN **BVG, Berliner Verkehrsbetriebe | DaimlerChrysler Services (debis) AG | Kronos Consulting, Berlin**

ALS NOCH DIE ALLUMFASSENDE TUGEND HERRSCHTE, GAB ES WEDER EDLE NOCH GEMEINE. DIE MENSCHEN KANNTEN IHRE MÜTTER UND NICHT IHRE VÄTER. DANN KAMEN HERRSCHER MIT SCHWÄRMEN VON BEAMTEN UND SCHUFEN VERWIRRUNG. DIE GROSSE LÜGE BEGANN.

—— HUAI NAN ZE

———— BODO-MICHAEL BAUMUNK ———— EVA MARIA THIMME

»Ich kann mir eine Zeit denken, welcher unsere religiösen Begriffe so sonderbar vorkommen werden, als der unsrigen der Rittergeist«, notierte Georg Christoph Lichtenberg in einem seiner Sudelbücher zu Ende des 18. Jahrhunderts. ———— In jenem geografisch-kulturellen Raum, der einst stolz den Titel »christliches Abendland« trug, in Europa, hat diese Epoche längst begonnen und sich in ein spirituelles bzw. kulturhistorisches Vakuum übersetzt, das zu füllen Theologen aller christlichen Konfessionen, Pädagogen, Kunstwissenschaftler und Historiker sich bemühen. ———— Die dem Christentum eigentümlichen Begriffe, ethischen Paradigmen und dogmatischen Prinzipien muten immer mehr Menschen »sonderbar« und fremd an und müssen, um des richtigen Verständnisses willen, im Rahmen von Bildungsprogrammen wie Vokabeln einer »toten« Sprache oder Symbole einer untergegangenen Kultur erlernt werden. Saisonbedingt landesweit bzw. bei freudigen wie traurigen Anlässen im individuellen Leben entsprechend inszeniert, ist die christliche Tradition zu einer Kulisse geworden, die trotz des gelegentlichen Aufgebots auratisch-dekorativer Versatzstücke aus einem mehrtausendjährigen Fundus schäbig-verschlissen wirkt, und das vor ihr zur Aufführung gelangende Stück ruft im Publikum allenfalls wehmütige Kindheitserinnerungen, eher verlegen-ironische Bemerkungen und vor allem Langeweile hervor: Das Evangelium, die gute Botschaft der Erlösung zu Lebzeiten, der Überwindung von Tod und Leiden wird nicht gehört und noch weniger geglaubt. ———— Diese Entwicklung wäre unzureichend mit Begriffen wie Säkularisierung, Neopaganisierung oder allgemeinem Agnostizismus beschrieben: Tatsächlich ist der in den fünfziger Jahren prognostizierte »Tod Gottes« nicht eingetreten – ebenso wenig freilich die noch Anfang der siebziger Jahre prophezeite »Rückkehr Gottes« über die normativen, insbesondere die drei großen monotheistischen Religionen. ———— Zurückhaltender in Wertung und Voraussage sprechen Wissenschaftler nun von einer allmählich sich vollziehenden Metamorphose sowohl von Gottesvorstellung als auch praktizierter Religiosität. ———— Die Quelle des Glaubens ist – um ein in diesem Zusammenhang häufig genanntes Bild zu zitieren – nicht versiegt und nicht mutwillig verschüttet: Sie versickert in diffusen Rinnsalen einer Spiritualität, die auch dann, wenn sie sich noch einer Konfession verbunden weiß, nicht mehr die Kraft zum Bekenntnis eines Wahrheitsanspruchs besitzt. ———— Religion gleichsam als Kulturlandschaft, in die man zufällig hineingeboren wird und in der man nach eigenem Geschmack sein privates Schrebergärtchen mit heimischen und exotischen Gewächsen bestellt – in je unterschiedlicher Intensität und Erscheinungsform ist diese Tendenz für alle religiösen Gemeinschaften und ihre Überlieferung zu Beginn des dritten christlichen Jahrtausends kennzeichnend. ———— Am sinnfälligsten indes lässt sich diese Veränderung an den normativen, einen persönlichen Gott benennenden bzw. ein Bekenntnis fordernden Religionen beobachten: Sie verlieren ihre Mitglieder an solche Traditionen, die einerseits dogmatisch nicht fixiert, für synkretistische Einflüsse offen sind und als »ursprünglich-unverfälscht« gelten, etwa die Lehren nordamerikanischer Indianer, australischer Aborigines oder mongolischer Schamanen, d.h. an zumeist mündliche überlieferte Kulte, die als »soft« angesehen werden; andererseits und im scharfen Kontrast an Gemeinschaften, die, nicht selten an der Peripherie häretischen

5/13 Blatt 2a und 2b der Katalonischen Weltkarte von 1375-1377. *Sie wird Abraham Cresques und seinem Sohn Judah zugeschrieben. Im Zentrum des astronomisch-astrologischen Rades steht die Erde, symbolisch dargestellt von einem Astronomen mit Astrolab in der Hand. In den folgenden konzentrischen Kreisen sind u.a. die Tierkreiszeichen, die Mondphasen und der Mondkalender eingetragen. Die vier Jahreszeiten sind, als Gelehrte personifiziert, in den Ecken des Blattes dargestellt. Staatsbibliothek zu Berlin – Preußischer Kulturbesitz*

Sektierertums gelegen, zu striktester Orthodoxie verpflichten und militant-missionarisch auftreten; schließlich – und dies ist eine spezielle Erscheinung innerhalb des Christentums – an mystisch-evangelikale Kirchen, die in den vergangenen zwanzig Jahren einen stets und immer noch wachsenden Einfluss in den USA und den Staaten Mittel- und Südamerikas verzeichnen konnten. _____ Diesen scheinbar so disparaten Tendenzen ist gemeinsam, dass sie der in Dogmen und Konventionen erstarrten und gleichzeitig zu politisch korrekter Beliebigkeit verwässerten Konfessionalität der Amtskirchen bzw. Staatsreligionen einen sinnlich wahrnehmbaren Glauben entgegensetzen. Und nicht zuletzt ist auch dies ein sie verbindendes Kennzeichen, dass dem Anschluss an sie ein mehr oder weniger radikal vollzogener Bruch mit dem bisherigen Leben, eine bewusst getroffene Entscheidung vorausgeht. _____ Tatsächlich spricht einiges dafür, dass die unreflektierte, selbstverständliche Annahme und Fortführung einer religiösen Tradition tendenziell der Vergangenheit angehört, mit der entsprechend psychischer bzw. intellektueller Bedürfnisse und individuellen biografischen Daten ausgewählten Spiritualität sich hingegen eine Perspektive zukünftigen religiösen Lebens öffnet. Denn wie immer die im übrigen nicht zwangsläufig endgültige Entscheidung auch ausfällt – zugunsten der Wahrung einer »ererbten« Religion und ihres Ritus oder bizarr anmutender Konversionen, für eine im »Heimwerkerverfahren« gebastelte Spiritualität oder einen nachdrücklich bekannten Atheismus – der kurze Moment des Innehaltens beim Finden des eigenen, freien und vielleicht gegen Widerstände durchgesetzten Entschlusses markiert den Beginn einer unverwechselbaren, einmaligen Lebensweise, die wiederum nicht übertragbar ist – und möglicherweise auch gar nicht sein soll. _____ Der bei dieser spirituellen Migration, dem mehrfach zulässigen Aus- und Umtausch grundlegender ethisch-moralischer Normen, nicht zuletzt der Relativierung von Glaubensinhalten zwangsläufig sich einstellende Verlust des ausschließlichen Wahrheitsanspruchs einer Religion wird – wie könnte es anders sein – von Geistlichen und engagierten Gläubigen als kaum revidierbar beklagt. _____ Doch wäre auch denkbar, dass gerade im Fragen und Forschen, im Finden, Verwerfen und Weitersuchen die Zukunft von Religion gründet, etwa im Sinne der fragmentarisch erhaltenen Deutung des Vorsokratikers Xenophanes aus Kolophon: »Wahrlich, nicht von Anfang an haben die Götter den Sterblichen alles enthüllt, sondern allmählich finden sie suchend das Bessere.«

Skizze von Gerrit Grigoleit und Lars Gräbner zur Ausstellungsarchitektur

schnitte der welt-religionen

über die ausstellungsarchitektur von gerrit grigoleit und lars gräbner

GUIDO RÖRICK_____

Das Motiv einer Kugel mit einem Durchmesser von 43,3 Metern, in Fragmente zerbrochen und neu zusammengesetzt, durchzieht die Räume des Bereiches »Glauben« in der Ausstellung »Sieben Hügel. Bilder und Zeichen des 21. Jahrhunderts«. →absonderliche verbundenheit mit dem ganzen Die Kugel ist Sinnbild des Ganzen, In-Sich-Geschlossenen, Vollkommenen, Ewigen, Göttlichen. Die Kugel ist vollkommene Bauform und zugleich utopischer Raum: Bei einer gegebenen Oberfläche ist ihr Volumen größer als das eines jeden anderen geometrischen Körpers, sie hat weder Anfang noch Ende, die Orientierung auf und in ihr ist richtungslos; in der architektonischen Wirklichkeit ist sie schwer baubares Ideal, kaum fassbar, vermessbar, begehbar. Möchten Baumeister einen perfekten Raum schaffen, verwenden sie häufig das Motiv der Kugel beziehungsweise der Halbkugel – oft stellvertretend für das Himmelsgewölbe. Kugel wie auch Kreis bewegten Menschen fast aller Kulturen und Religionen auf ihrer Suche nach dem Sinn der Welt. In der Naturwissenschaft taucht die Kugel als Modell zur bildhaften Verdeutlichung unvorstellbar und undarstellbar kleiner Elemente auf. Dass der Himmel keine Kugel ist und die Erde nicht flach, sondern dass sich unser Leben auf einer Kugel abspielt, dem Globus, inmitten eines vielleicht gewölbten Universums, haben wir in der Neuzeit gelernt. Doch erst mit dem technischen Aufwand der Raumfahrt konnte die Kugelgestalt der Erde sichtbar gemacht werden. In den Lehren vieler Mystiker wird Gott am ausdehnungslosen Mittelpunkt der Kugel vermutet. Hat sich Gott heute in das Innerste der Erde geflüchtet? _____ Die Kugelfragmente der Ausstellungsarchitektur treffen im Martin-Gropius-Bau auf eine ganz andere Geometrie: die streng kubische Gestalt der Räume. Rechte Winkel, die schon lange als ideologisch entlarvt sind. Raum für Raum und Raum nach Raum in vorgegebener Leserichtung. Symmetrisch am Raster ausgerichteter, rationaler, absolut geplanter Raum. Die Kugelelemente überlagern diesen anderen, festen Raum, verbinden die Räume über Wände hinweg und nehmen zugleich die Illusion der klaren Orientierung des rechten Winkels und der geordneten Abfolge von Räumen. Die versprengten Kugelelemente schaffen eine Landschaft, die der Besucher durchschreitet und dabei unerwartete Raumsituationen entdeckt: enge und weite Orte, Nischen, Achsen, Plätze, Irrwege, auf denen die Oberfläche der Kugel betrachtet werden kann. In den Schnitten der einzelnen Elemente findet die Ausstellung statt: ausdrücklich fragmentarisch und ohne zu behaupten, man könne eine vollständige Darstellung der Religionsgeschichte leisten. Das Ausstellungskonzept findet seinen unmittelbaren Ausdruck in der Ausstellungsarchitektur. Die Ausstellung ist ein Gedächtnistheater, das sich den Witterungseinflüssen der Gedanken und Träume der Zuschauer und der Zeit aussetzt. Auf der Oberfläche der Kugelelemente – bläulich-schwarz schimmernder, unbehandelter Stahl – löst jeder Fingerabdruck Oxydationen aus, die nicht weggewischt werden können. Spuren, die zeigen, dass Menschen hier waren. _____ In der Stadt der Sieben Hügel steht die vielleicht berühmteste Kugel der Architekturgeschichte: das Pantheon. Eine atemberaubende Kuppel mit einem Radius von 43,3 Metern, deren Scheitel 43,3 Meter über dem kreisförmigen Fußboden liegt. Die zerbrochene Kugel, die die Ausstellung strukturiert, hat hierin Platz.

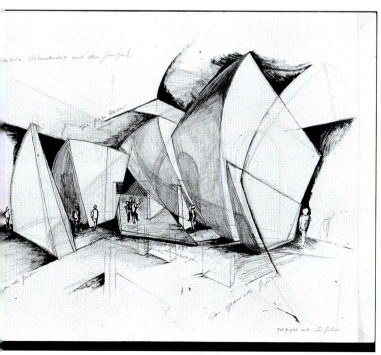

Das Pantheon überträgt die Vorstellung des Firmaments als Kugelschale auf die Architektur. Unter dem Kuppelhimmel thronen »alle Götter« (pan = alle(s), theion = Gott, göttlich). Doch es sind nur »alle Götter« des Römischen Reiches gemeint, die in Harmonie den Feldzug Roms zur Weltherrschaft stützen sollen. _____ Die Idee des Pantheons zeigt das Bedürfnis von Kulturen, ein Ganzes zu konstruieren oder darzustellen. Dieses Ganze muss utopisch bleiben. Oder es wird totalitär, um sich ungestört einer Illusion des Ganzen hingeben zu können, der Illusion des Pantheion, der Versammlung »aller Götter«. Fremde Götter werden entweder integriert, vereinnahmt, erobert oder verfolgt. Außerhalb einer solchen Totalität kann es nur Blickpunkte auf eine nicht abbildbare Ganzheit geben, nur Bruchstücke eines Pantheion, in dem »alle Götter«, »alle Menschen« herrschen würden. Die Sehnsucht nach einer Ganzheit bleibt, genauso die damit verbundene Vorstellung eines schmerzhaften Bruchs. Die Vorstellung der zerbrochenen Ganzheit ist schon sehr früh in der griechisch-römischen Tradition zu finden, nicht erst in modernen Phänomenen wie Entfremdung, Entwurzelung oder Schizophrenie. In Platons »Gastmahl« erzählt Aristophanes von einem Urzustand, in dem der Mensch nicht »zwei« war (Mann und Frau), sondern »eins« – der Kugelmensch: »Damals war die ganze Gestalt des Menschen rund, indem Rücken und Seiten im Kreis liefen, und ein jeder hatte vier Hände und ebenso viele Füße (...). Man ging aber nicht aufrecht wie jetzt (...), sondern man bewegte sich, wie die Rad Schlagenden, die Beine aufwärtsgestreckt, sich überschlagen, so, auf seine damaligen Glieder gestützt, schnell im Kreise fort.« Zeus schnitt die Kugelmenschen in zwei Hälften, um ihre Macht zu brechen. »Als nun so ihr Körper in zwei Teile zerschnitten war, da trat jede Hälfte mit sehnsüchtigem Verlangen an ihre andere Hälfte heran, und sie schlangen die Arme umeinander und hielten sich umfasst voller Begierde, wieder zusammenzuwachsen.« Wovon spricht diese schmerzhafte Sehnsucht nach einer verlorenen Ganzheit? Unbestreitbar von einer alltäglichen Erfahrung, die sehr viele Menschen machen: die unheilbare Wunde des irdischen Daseins, das Streben nach Erlösung im Himmlischen. Doch vielleicht erzählt diese Sehnsucht auch eine andere Geschichte, die mehr Hoffnung in sich trägt: alle Menschen sind Götter, das Pantheion der Menschheit ist auf der Kugel der Erde versammelt. Dieses Pantheion ist so vielfältig und widersprüchlich wie das Bild einer Scherbe, die erst dann zur negativen Folge einer Zerstörung wird, wenn sie aufhört, Teil eines sich immer wandelnden Bildes zu sein. →zwischen einer kugel Wir betreten den ersten Raum der Ausstellung und stehen einem riesigen Segment gegenüber, ohne ganz erkennen zu können, dass es Teil einer Kugel ist – die Oberflächenkrümmung ist zu schwach. Auf der matten Oberfläche ist ein ungeordnetes Liniennetz zu erkennen, Überreste der Koordinatenordnung des Globus. Dieser erste Raum der Ausstellung, der sich mit der Frage nach Zeit beschäftigt, ist verwinkelt, kaum überschaubar, ohne eindeutige Orientierung. Hier beginnt eine Reise durch Religionen, durch Zeiten und Räume. Zeit ist das Unbeständige im Raum. Eigentlich soll Raum die Beständigkeit im Gegensatz zur flüchtigen Zeit versichern, inmitten ihrer alltäglichen und epochalen Evolutionen und Revolutionen: der Stein, der bleibt und trügt. Raum ist vorübergehend und vergänglich wie die Zeit. Raum ist das Unbeständige in der Zeit. Architektur inszeniert den Raum in der Zeit, macht die Welt zur Bühne. Die Rationalität des Raumes – schauen wir insbesondere auf die Rationalität von Ausstellungsräumen, wie wir sie kennen: weiß und tot – beinhaltet einen Wahrheitsanspruch, der schwer haltbar ist. Fiktion einer Geschichte, die ausgestellt und durch die Klarheit des Raumes neutralisiert und glaubwürdig gemacht wird. Wo ist das verborgene Wissen um die Unwissenheit? _____ Die Ausstellung ist Bühne. Sie analysiert in den Tiefen der Kugelelemente eine »Ganzheit« der

Religionen: ihre Reichtümer, die in Pluralität und Diversität liegen. Jede Kugelgestalt setzt ein Innen und ein Außen der Totalität voraus, die geöffnete Kugel in der Ausstellungsarchitektur bewegt sich durch das Innen / Außen der Räume und Religionen. Im zweiten Raum, durch Kugelfragmente verbunden, sind die »Weltreligionen« in fragmentarischen Vitrinen ausgestellt: kreuz und quer im Raum verteilte, zerstückelte Objekte, die in ihn hinein- und aus ihm herausragen. Kein Pantheion, keine Allheit der Götter dieser Welt, sondern ein Wissen um Ausschnitthaftigkeit und Beschränktheit des Blicks. Im dritten Ausstellungsraum zerbricht die Kugel in Splitter, wird zum beengenden Labyrinth: Angst, Trauma, Hoffnung. Spätestens hier ist die absolute Macht des Pantheons verschwunden. Die Fragmente, die bleiben und sich neu zusammensetzen, werfen ein kaleidoskopisches Bild auf die Welt. Das Kaleidoskop ist die Angst der vollkommenen Kugel. Die Leichenstarre des Pantheons ist der Untergang des Alten Rom. Der Ruf nach Ordnung die zerrissene Poesie des Neuen Berlin. Der Erbauer des Pantheon, der Kaiser Hadrian, versuchte im Bild des Pantheons etwas von der Illusion eines immer mächtigen Rom zu erhalten, das Licht einer wunderbar starken Welt, das durch das mystische Auge der Pantheonskuppel auf den Besucher hinabfällt. Dieses Bild ist so stark, dass es Menschen noch heute fasziniert, obwohl das Pantheon schon lange nicht mehr für die Götter steht, für die es einmal stand: Im Jahr 609 wurde es in eine christliche Kirche umgewandelt, heute pilgern Touristenströme gläubig dorthin. _____ In der Ausstellung

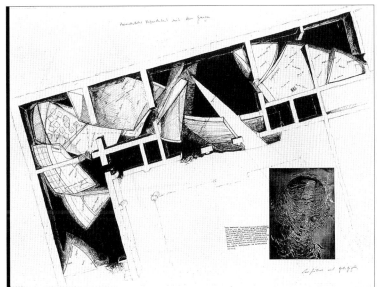

Skizze von Gerrit Grigoleit und Lars Gräbner zur Ausstellungsarchitektur

nun kommen Sie aus dem beengenden, erdrückenden, verwirrenden Raum, in dem Ängste und Hoffnungen ausgestellt waren, aus gleißendem Licht und vielsagenden Winkeln in einen himmlischen Raum – gedämpftes Licht – die Ausmaße dieses vierten und größten Ausstellungsraumes sind kaum wahrnehmbar. Kein Text, keine Exponate. Licht und Farben wandeln sich, ohne zum Bild zu werden. Klänge schwirren beinahe unbemerkt durch den Raum. Ein sakraler Ort? Ein enormes Kugelfragment schwebt wie ein Bruchteil einer noch enormeren Kuppel über Ihnen. Fragment des Pantheons. Bruchstücke der römischen Halbkugel auf dem Fußboden. Bitte nehmen Sie Platz. Das »Ozeanische Gefühl«, das ein Urgefühl von Religiosität beschreibt, ist Thema dieses Raumes. Die Weite des Ozeans ist berauschend und beängstigend, vereinnahmend und grenzenlos; Chaos und Ewigkeit liegen ganz dicht beieinander. Freud, der den Begriff des »Ozeanischen Gefühls« populär gemacht hat, stand ihm skeptisch gegenüber, die Psychoanalyse verteufelt es: das Gefühl der Liebenden und der Wahnsinnigen, in dem sich alle Grenzen zum Anderen und zum Kosmos auflösen. Das Gefühl, in dem das Ich in seiner Ganzheit aufhört zu sein, in dem das Selbst, das uns unserer Wirklichkeit versicherte, zur Seifenblase wird. Der Ort, an dem die Träume der Menschen zu fliegen beginnen. »Ich selbst kann dies ozeanische Gefühl in mir nicht entdecken«, schreibt Sigmund Freud zweifelnd und suchend. Mit dem vierten Raum lädt die Ausstellung zur Entdeckung des Ozeanischen Gefühls ein. Die Besucher werden hier schwerer als sonst die passive Rolle als Betrachter aufrechterhalten können. Dabei können die Reaktionen sehr unterschiedlich sein: Wut über nicht-erfülltes Konsumangebot, Freude über Farben und Klänge, die durch diesen Raum schwirren, oder auch Nachdenken über das außenherum Ausgestellte und über Gott und die Welt.

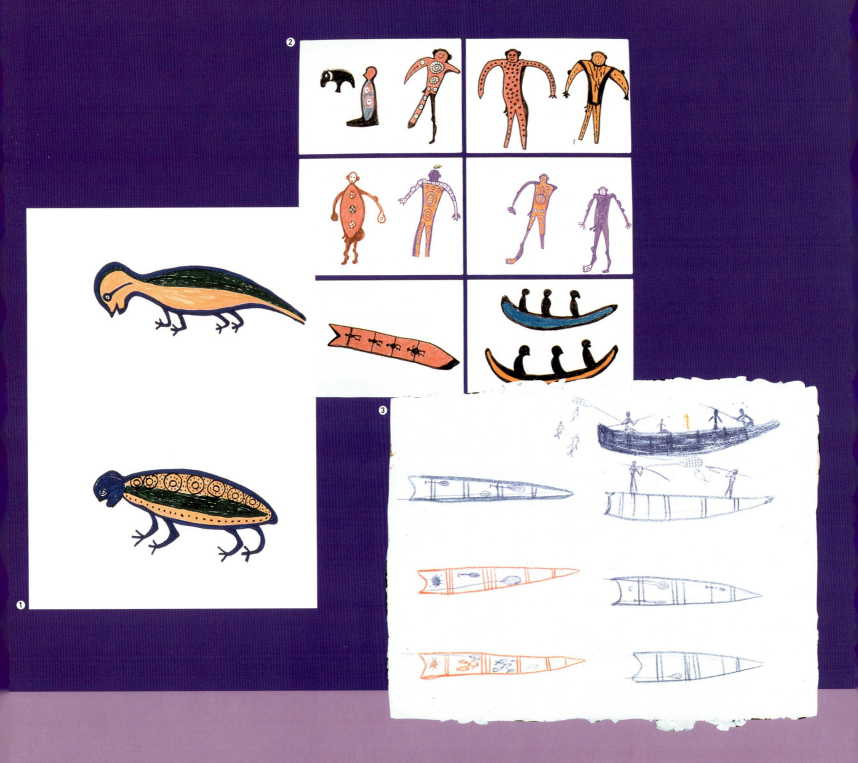

❶ 5/1i **Beuteltier und Kröte, gezeichnet von Kupatenragá ❷** 5/1j **Die Geschichte vom Sandfloh in 6 Episoden:** *das Wildschwein und der Jäger, nachdem dieser sich das Bein gebrochen hat und bewegungslos dasitzt; der Jäger, vom Schwein verschlungen, das sich in einen Sandfloh verwandelt hat (die Kreise an seinem Körper versinnbildlichen die Sandflöhe, die ihn von innen fressen); die Insekten trinken sein Blut, weshalb er ganz blass wird; der Jäger stirbt; die Insekten verwandeln sich in übernatürliche Wesen und ziehen in ihren Booten davon.* **❸** 5/1a **Fischfang bei den ›Waurá‹.** Zeichnung von Karatipá. *In zwei Booten stehen Fischer mit Netzen an langen Stielen. In den übrigen Booten liegen Ruder, Netze, Fische und Feuer: die ›Waurá‹ führen beim Fischfang kleine Feuer in den Booten mit, um den Fang sofort braten zu können.* **❹** 5/1h **Wildschweine in einer Maniokpflanzung, gezeichnet von Karatipá.** *In den Geschichten der ›Waurá‹ spielen die Wildschweine eine wichtige Rolle, da sie von diesen Tieren die Kenntnis des Manioks und des Maniokfladenbrots erhielten.* **❺** 5/1b **›Waurá‹-Dorf, gezeichnet von Karatipá.** *Im Zentrum des Dorfes befindet sich das Männerhaus, links das Fußballfeld sowie der Weg zum ›Kamayura‹-Dorf (roter Kreis) und zum Flugplatz (rotes Rechteck); um dorthin zu gelangen, müssen drei Wasserläufe (rote Linien) überquert werden; rechts im Bild der Weg zum See, dahinter eine weitere ›Waurá‹-Niederlassung; rechts unten die Basis der brasilianischen Luftwaffe. Das Dorf ist von Pequi- und Maniokpflanzungen sowie Wald umgeben.* **❻** 5/1d **Fuchs-Masken, gezeichnet von Itsautak.** *Der Fuchs spielt in der ›Waurá‹-Mythologie eine wichtige Rolle: Ihm wurde das Feuer geraubt, das die Menschen jetzt besitzen, und er war es, der die Schärfe des Pfeffers milderte, so dass er zum Verzehr geeignet ist.* **❼** 5/1g **Die Schlange aus der Mythe »Vom Ursprung der Keramik«, gezeichnet von Malakuyawá.** *Die Halbkreise auf dem oberen Teil des Schlangenkörpers stellen die Tongefäße dar, die die Indianer lehrten, Ton zu finden und Keramik herzustellen.* **❽** 5/1e **Drei Männer blasen die ›Kauká‹-Flöte.** Zeichnung des ›Waurá‹-Indianers Yacinto. *Der ›Kauká‹ sprechen die ›Waurá‹ übernatürliche Kräfte zu, beispielsweise um Wildschweine, die Schäden in den Pflanzungen verursachen, in die Flucht zu schlagen.* **❾** 5/1c **Fische. Zeichnung des ›Waurá‹-Indianers Kupatenragá** *Der mythischen Überlieferung zufolge befindet sich im Körper jeder Frau ein kleiner Piranha, deshalb dürfen sie diesen Fisch nicht essen.* **❿** 5/1f **Darstellung des Walddämons ›Apasa‹ durch den ›Waurá‹-Indianer Takaru.** *Der mythischen Überlieferung folgend, ist ›Apasa‹ ein dem Menschen ähnliches übernatürliches Wesen, das im Wald lebt. Den Kopf bei den ›Apasa‹-Masken bildet stets eine kugelförmige Kürbisflasche.* Alle Abbildungen aus: Vera Penteado Coelho – Die Waurá. Mythen und Zeichnungen eines brasilianischen Indianerstammes. Gustav-Kiepenheuer Verlag, Leipzig und Weimar 1986

❶ **5/34 Fruchtbarkeitssymbol aus der Region von Afyon oder Adana in der Türkei.** München, Prähistorische Staatssammlung, Museum für Vor- und Frühgeschichte **❷** **5/32 Weibliches Idol in Form eines Stundenglases.** München, Prähistorische Staatssammlung, Museum für Vor- und Frühgeschichte **❸** **5/33 Weibliches Idol aus der sog. Cucuteni-Kultur.** München, Prähistorische Staatssammlung, Museum für Vor- und Frühgeschichte **❹** **5/35 Weibliches Idol von den Kykladen.** München, Prähistorische Staatssammlung, Museum für Vor- und Frühgeschichte **❺** **5/42 Statuette einer Orantin** Ikonen-Museum,Recklinghausen **❻** **5/38 Statuette einer Göttin.** *Die gelegentlich auch als »Totenbräute« bezeichneten Figuren wurden Verstorbenen mit ins Grab gegeben, um ihnen im Jenseits Nachkommenschaft zu sichern. Im allgemeinen spielten sie bei Zeremonien der Fruchtbarkeitsmagie eine wichtige Rolle.* Hamburg, Museum für Kunst und Gewerbe

In einem seiner dem literarischen Geschmack der Zeit huldigenden Romane, den *Lettres d'Amabed*, lässt Voltaire den Titelhelden zu Beginn einen Brief schreiben, der auf den zweiten Tag des Monats der Mäuse im Jahr 115652 seit der Erneuerung der Welt datiert ist – nach Aufruhr und Sturz der Engel entsprechend der Tradition der Brahmanen. In dieser Sammlung von Berichten schildert und kommentiert Amabed seine Studien bei einem italienischen Missionar, dem Pater Fa tutto, der ihn in die christliche Lehre und abendländische Kultur einzuführen sucht. Mit ungläubigem Staunen, das im Lauf der Unterweisung in Arroganz umschlägt, lernt der zunächst wohlwollend-wissbegierige Schüler die Geschichte des christlichen Abendlandes, die ihn ungeachtet der gebotenen Fülle an schriftlichen und künstlerischen Zeugnissen ärmlich und beschränkt dünkt. Vor allem ein Umstand ist es, den Amabed kaum zu fassen vermag: das geringe Alter der in Europa beheimateten Kulturen, sie mögen sich auf jüdische, christliche oder muslimische Überlieferung berufen. Wie war die Entwicklung von Wissenschaften und Künsten, ja der Menschen als Gattung überhaupt in einer so kurzen Periode und bei dermaßen geringem Verbrauch von Zeit vorstellbar? _____ Die Rede ist hier nicht von jener ersten, mythischen *Zeit*, die eben aus der göttlichen Ewigkeit hervorgegangen war und im zirkulären Rhythmus der Natur, dem Wechsel der Jahreszeiten, der in ihren Veränderungen immer identischen Bahnen der Gestirne ein gleichsam natürliches, vom Menschen ungenutztes, nicht domestiziertes Element darstellte. Alle Lebewesen hatten diese Art von Zeit gekannt, eine ferne, frühe, paradiesische, von der ein Abglanz noch in Märchen und Mythen aufscheint. Gemeint ist jenes von Gott strukturierte und dem Menschen übergebene Material, das einen Anfang kennt und ein Muster aus sakralen und profanen Perioden aufweist. Es kann vermessen, bewertet werden und wird, bevor es erneuert werden muss, dereinst aufgebraucht sein. Eine Folie, in deren Textur der göttliche Heilsplan verwoben ist und vor der sich menschliche Geschichte in kollektiven wie individuellen Begebenheiten abspielt; eine komplizierte mechanische Konstruktion, die, wie eine andere literarische Figur, Prinz Hamlet, beklagt, »out of joint«, aus den Fugen geraten kann und repariert werden muss. _____ Das Bewusstsein, dieses komplizierte, der ständigen Justierung und Wartung bedürfende System über Perioden des scheinbaren Stillstandes und unvermutet auftretender Beschleunigung – in Kriegen oder Naturkatastrophen, beim Auftreten falscher Propheten oder zynisch verkündetem nahem Weltuntergang – bewahrt und seine Solidität bewiesen zu haben, liegt dem Stolz des jungen Brahmanen Amabed zu Grunde. Mit einer Mischung aus Verachtung und Mitleid blickt er auf die Christen als historisch-kulturelle Parvenus mit ihrem entsprechend impertinenten Benehmen herab. _____ In der ironischen Verkehrung der Einstellung gegenüber fremden Traditionen durch Voltaire, den Romancier-Philosophen der französischen Aufklärung, verbirgt sich indes noch ein weiterer Aspekt. Der Gegensatz zwischen weit zurückreichender, mündlich oder schriftlich tradierbarer Geschichte einerseits und dem mit alter Überlieferung bewusst und radikal brechenden Neuansatz andererseits wird perspektivisch verschoben: Es ist der jeweils behauptete *Besitz* an Zeit, dessen allein die Angehörigen einer bestimmten Gruppe

5/44 Torarolle, datiert 1870 *Nach jüdischer Überlieferung wurde die Welt vor 5760 Jahren erschaffen.* Staatsbibliothek zu Berlin – Preußischer Kulturbesitz

–5760 Beginn der jüdischen Zeitrechnung

teilhaftig sind. Sein Wert wird nicht dadurch gemindert, dass es eine Vielzahl vergleichbarer Zeit-Guthaben gibt. Eigentum der einzig wahren göttlichen Macht, ging die Zeit in den Besitz des Menschen über und dies zusammen mit einem umfänglichen Verzeichnis von Anweisungen zum guten Gebrauch und Nutzen. Ein feinmaschiges Netz aus Ritualen, Opfern, Gebeten, Verboten, Vorschriften und nicht zuletzt überirdischen Instanzen – Engel oder Heiligen – wurde über Stunden und Tage, Wochen und Jahre gebreitet. Die unendlich-ewige Sphäre wurde so mit der vergänglich-begrenzten Welt verknüpft. _____ In diesem Sinn fand der französische Gelehrte André Leroi-Gourhan die prägnante Formulierung »Religion ist Herrschaft über die Zeit«. Denn jede religiöse Tradition hat bislang noch dogmatisch-theologisch, politisch und selbst modisch bedingte Veränderungen in Liturgie und Lehre, im vorgeschriebenen Habit von Klerus und Ordensleuten bzw. äußeren Erscheinungsbild der Laien, in der Wertung sakraler Stätten und Sprachen gekannt. All diese Reformen haben das religiöse Kalendarium stets ausgenommen. So fügen sich Feiertage und Feste, zu bestimmten Stunden gebotene Gebete oder Opferrituale und Perioden des Fastens oder des Pilgerns zur grundlegenden Struktur aller religiösen Tradition. Sie sind die Knotenpunkte des oben erwähnten Netzes: würde auch nur einer gelöst, fiele es in sich zusammen. _____ Und in der Tat hat es nicht an Versuchen gemangelt, es in einem Akt der Befreiung wegzureißen, um der Menschheit einen unverstellten Blick in den Kosmos zu eröffnen und eine neue Perspektive für die auf Erden gelebte Existenz. Indes sollte sich das als Gespinst aus Aberglauben und Lügen denunzierte Netz der sakralen Zeit allen Angriffen gegenüber als überaus stabil und belastbar erweisen. Das Bedürfnis der Menschen nach einem milden *clair-obscur* war stärker als der Wunsch, die eigene und fremde Realität im ungefilterten Licht von Rationalität und technischem Fortschritt zu sehen. Offenkundig war die plausible Vorstellung von einer allen Menschen gemeinsamen und sie verbindenden Zeit, wie sie der 1792 in Kraft getretenen Kalenderreform der Französischen Revolution zugrunde lag, nicht akzeptabel. Die eigene Zeitmembrane als schützenden Schirm über dem Kollektiv und als Schleier vor den Augen des Einzelnen zu wissen, scheint zu den natürlichen Wesensmerkmalen des Menschen zu gehören. _____ Nicht zu übersehen ist freilich die Tatsache, dass der kollektive wie individuelle Umgang mit der Zeit, ihre Einteilung und Bewertung, weltweit in

① Metin Yilmaz, Gebet in der Kantine der Mevlana-Moschee, Berlin-Kreuzberg 1996 ② Kraemer/STERN, Morgengymnastik bei Sansung-Electronics, Seoul-Suwon 1986

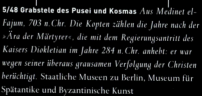

5/45 Relief mit Darstellung der römischen Wölfin, die die Zwillinge Romulus und Remus säugt. *Der legendären Überlieferung zufolge wurde die Stadt Rom am 21. April 753 v. Chr. gegründet.* Site et Musée Romains d' Avenches

5/47 Geburt Christi *Nowgoroder Schule, 16. Jh. Die christliche Zeitrechnung setzt mit der Geburt Christi ein. Sie markiert den Beginn der Heilsgeschichte, und alle folgenden Jahre wurden »nach der Menschwerdung des Herrn« gezählt.* Staatliche Museen zu Berlin, Museum für Spätantike und Byzantinische Kunst

-753 Gründung Roms　　　-515 Erleuchtung des Buddha　　　›0‹ Geburt Christi　　　284 Beginn der koptischen Zeitrechnung

5/46 *Relief aus der anikonischen Periode er buddhistischen Kunst, in der der Buddha noch nit in menschlicher Gestalt abgebildet, sondern seine Gegenwart symbolisch angedeutet wird, hier als Feuersäule.* Staatliche Museen zu Berlin, Museum für Indische Kunst

5/48 Grabstele des Pusei und Kosmas *Aus Medinet el-Fajum, 703 n.Chr. Die Kopten zählen die Jahre nach der »Ära der Märtyrer«, die mit dem Regierungsantritt des Kaisers Diokletian im Jahre 284 n.Chr. anhebt: er war wegen seiner überaus grausamen Verfolgung der Christen berüchtigt.* Staatliche Museen zu Berlin, Museum für Spätantike und Byzantinische Kunst

allen praktizierten Religionen einer tiefgreifenden Veränderung unterliegt, die noch nicht abgeschlossen und deren Resultat allenfalls zu erahnen ist. Und es vollzieht sich dieser Prozess, ohne dass es einer institutionalisierten Kalenderreform, schon gar nicht in Zusammenhang mit sozialpolitischen Revolutionen bedürfte: Als Relikt einer nur mehr sentimental verklärten Vergangenheit bleibt das Netz der sakralen Zeit gespannt, wird aber als dekoratives wie nützliches Versatzstück in eine säkular-profane Ordnung übernommen, die anderen Gesetzen gehorcht. _____ Es scheint, als würde ein zwei Jahrzehnte vor Einführung des französischen Revolutionskalenders publizierter sozialutopischer Roman noch vor dem darin prognostizierten Datum Wirklichkeit: Im *Jahr Zweitausendvierhundertvierzig* – so der Titel des von Louis-Sébastien Mercier verfassten Werks – sind die Menschen durch wissenschaftlich-technischen und moralischen Fortschritt gesünder und gescheiter geworden. Alle Bürger, auch die Frauen, gehen einer ihrer Ausbildung gemäßen Beschäftigung nach, von der sie sich an bestimmten arbeitsfreien Tagen erholen: es sind die auf ein sozialökonomisch vertretbares Maß reduzierten ehemaligen religiösen Fest- und Feiertage, von denen kaum mehr die Namen geläufig sind. Bei Mercier werden diese ihrer religiösen Aura entkleideten Tage weniger in Müßiggang und mit faden Vergnügungen verbracht, vielmehr dienen sie der intellektuellen Bildung, der freiwillig-lustvollen Verbesserung bzw. Vermehrung des Wissens und Könnens der Bürger. ＿＿＿ Hier wurde eine gesellschaftliche Wirklichkeit entworfen, in der jener nach dem Sündenfall verhängte Fluch über die *Arbeit* gebrochen war. Nach der Vertreibung Gottes aus der menschlichen Lebenswelt und dem Ende aller religiösen Rituale war die Arbeit – im Sinne aller körperlichen, geistigen und künstlerischen Tätigkeit des Menschen – zur einzig angemessenen und denkbar möglichen Form der Verehrung der Vernunft als Höchstem Wesen geworden. Wenngleich dieser Punkt noch nicht erreicht ist, so erinnern vielfach die gegenwärtig verzeichneten und begangenen Feiertage an jene Gestirne, die lange nachdem sie erloschen sind, ihr Licht zur Erde schicken. ＿＿＿ Der Abschluss jenes Veränderungsprozesses wäre etwa so vorzustellen, dass das einst unerreichbar hoch gespannte Netz auf die Erde gezogen wird und dort als Koordinatensystem der menschlichen Existenz verzeichnet liegt: himmlisch-göttliche Zeit wäre irdisch-menschliche geworden. So hätte der Mensch endgültig die Zeit für sich gewonnen und die Ewigkeit Gott überlassen. Und es bliebe als Trost in einer möglicherweise eigentümlich eng und flach gewordenen irdischen Lebenswelt die im 12. Kapitel der Offenbarung des Johannes ebenso beiläufig wie lakonisch formulierte Feststellung: dass der Teufel, wie dieser selbst nur zu gut wisse, wenig Zeit habe.

Die aus der Sammlung des Pariser Musée Carnavalet stammende **Taschenuhr** *hat 6 Zifferblätter: die Tageszeit wird in römischen Zahlen nach dem Duodezimal-, in arabischen nach dem Dezimalsystem angezeigt; dazu die alte Monatseinteilung mit bis zu 31 Tagen und den traditionellen Namen der Wochentage, den in drei Dekaden strukturierten Monat, die herkömmlichen und die neuen Monatsnamen: auf erstere weist der Zeiger mit der stilisierten Lilie, auf letztere der mit der Jakobinermütze. Musée Carnavalet Paris*

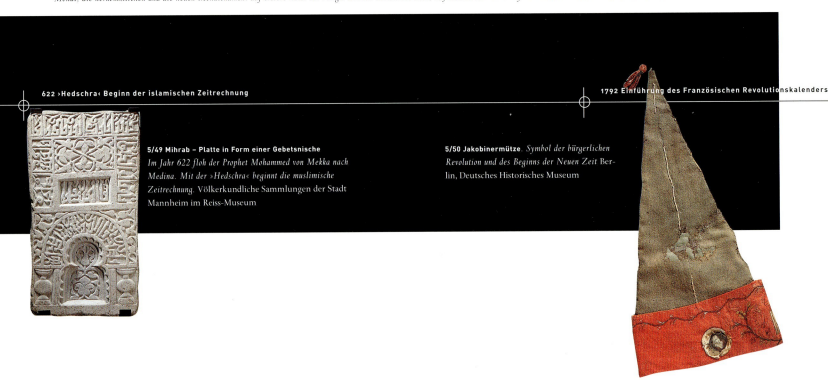

622 ›Hedschra‹ Beginn der islamischen Zeitrechnung

1792 Einführung des Französischen Revolutionskalenders

5/49 Mihrab – Platte in Form einer Gebetsnische
Im Jahr 622 floh der Prophet Mohammed von Mekka nach Medina. Mit der »Hedschra« beginnt die muslimische Zeitrechnung. Völkerkundliche Sammlungen der Stadt Mannheim im Reiss-Museum

5/50 Jakobinermütze. *Symbol der bürgerlichen Revolution und des Beginns der Neuen Zeit* Berlin, Deutsches Historisches Museum

☽ anno ab incarnatione domini — christliche zeitrechnung als säkulares medium___ RAINER KAMPLING

Ihr haltet Tage und Monate und Feste und Jahre. Ich fürchte für euch, dass ich vielleicht umsonst an euch gearbeitet habe. (GAL 4,10–11) Wenn der Völkerapostel Paulus, der diese mahnenden Worte an die Gemeinden in Galatien schrieb, erleben müsste, wie die Bewohner der Welt, so sie oder ihre Maschinen oder Computer, Flugzeuge oder Überwachungssysteme sich nach der christlichen Zeitrechnung als Zeitmaß richten, nun in eine Art kollektive Kalenderobservanz, gepaart mit einer kalendarischen Euphorie oder Depression verfallen, wäre er wohl verwundert, erzürnt und enttäuscht. _____ Die Verwunderung hätte ihren Grund gewiss darin, dass überhaupt jemand auf den Einfall zu kommen und ihn auch noch durchzusetzen vermochte, die kalendarischen Berechnungen der Welt an den Namen Christi zu knüpfen, der seinen Anhängern doch gerade die Befreiung aus dieser Welt und ihren Zeitläuften verkündete. Der Akt des Messens von Zeit unter dem Namen dessen, der als Staatsverbrecher am Kreuz starb und damit die Welt ihrer weltlichen Zukunft beraubte, weil ab dem Kreuz alles unter der Zeit Gottes steht, dürfte Paulus als menschliche Selbstbehauptung der stetigen Existenz in der Welt und ihrer Zeit erscheinen, als Selbstvergewisserung des Menschen, dass er Bleiberecht in dieser Zeit hat. _____ Es ist durchaus sinnvoll, diese Merkwürdigkeit zu bedenken: Die Weltzeit ist nach dessen Geburt berechnet, der eben diese Zeit zu Ende gebracht hat. Der Zeiten Lauf wird verbunden mit dem Namen dessen, der die Zeit abbrach. Die Vergangenheit, Gegenwart und Zukunft werden berechnet und eingeteilt nach einem Geschehen, das für die Welt nicht einmal ein Zwischenfall war, da sich das innewohnende Mysterium nur dann erschließt, wenn man es im Glauben anzunehmen vermag. Die Zumutung des christlichen Glaubens, als Grund seiner selbst auf ein Kind in einem Futtertrog und an einen zerschlagenen Mann am Kreuz zu verweisen, wird deutlich im Widerspruch zwischen der Bedeutung, die diese Geschehnisse in ihrer Zeit hatten, nämlich so gut wie keine, und der, die in der Benennung der Zeit nach diesem Geschehen zum Ausdruck kommt. Der Glaube an das Mysterium Jesu Christi hat sich der Zeitrechnung der Welt bemächtigt, ob es sich der Zeit und dem, was in ihr statthat, beigeben konnte, wird man die Opfer dieser Zeiten fragen müssen. _____ Bedeutet die Sicherheit, mit der man meinte, die Zeitrechnung in Verbindung mit Christus benennen zu dürfen, nicht auch eine Herausforderung an das Evangelium selbst? Denn indem man die Weltzeit in die Zeit vor und nach der Inkarnation des Wortes Gottes misst, hat man es an diese Zeiten gegeben, ohne den Nachweis zu erbringen, dass sie die Signatur verdienen und des Namens würdig sind. _____ Nun

1844 Beginn der Bahá'í-Zählung

5/51 Die verborgenen Worte von Mirza Husayn Ali (1817–1892), der den Ehrentitel Bahá'u'lláh, Glanz Gottes, trug. *Die Religionsgemeinschaft der Bahá'í beginnt ihre Zeitrechnung im Jahr 1844, dem Jahr der Erleuchtung des »Bab«, dem Vorläufer des Religionsstifters Bahá'u'lláh.* Berlin, Peter Scheffel

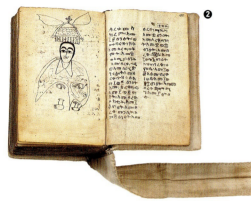

❶ 5/72 **Letzte Seite eines äthiopischen Gebetbuchs** mit *Darstellung der von Engeln umgebenen Jungfrau Maria und dem Jesusknaben, Priestern und einer Gemeinde von Gläubigen.* Stuttgart, Linden-Museum

❷ 5/70 **Äthiopisches Gebetbuch mit Psalmen Davids, dem Hohe Lied Salomonis und dem Marienlob.** *Auf der Innenseite des Deckels ist ein kleiner Spiegel eingelassen: vor dem Lesen heiliger Schriften war es üblich, in einen Spiegel oder eine stille Wasseroberfläche zu blicken, um die Augen zu reinigen.* Stuttgart, Linden-Museum

❸ 5/12 *Das um 850 in Laon oder Soisson in irischer Handschrift verfasste* **Manuskript mit der Kalendertafel des Beda Venerabilis** *befindet sich heute in der Badischen Landesbibliothek zu Karlsruhe.*

muss man nicht besonders in der Geschichte des christlichen Europas bewandert sein, um zu wissen, dass die überwiegende Zahl der Ereignisse eher dazu angetan war, die Botschaft des armen Mannes aus Nazareth zu verdunkeln. Wenn sich auch die Subjekte der Geschichte als Christen verstanden, so gibt es wenig Zweifel daran, dass sie in immer wiederkehrenden Passionen der Welt eher die Rolle des Pilatus denn die des angeklagten und gequälten Jesus einnahmen. Dort, wo die Botschaft Jesu die Wirklichkeit zeitigte, waren selten Subjekte, aber fast immer Opfer der Geschichte gegenwärtig, die das Evangelium Jesu Christi gegen Mächtige bezeugten. Die altehrwürdige Vorstellung der Wirkmächtigkeit des Namens hat sich für die Zeitrechnung mit christlicher Benennung nicht bewahrheitet. Auch in ihrer Spanne ist dem Evangelium Gewalt angetan worden, und die Behauptung, dass die Zeiten *annis incarnatione Domini* menschenfreundlichere geworden seien, würde einer Überprüfung kaum standhalten, falls die Schiedsrichter die Verlierer und nicht die Gewinner der Geschichte wären. Nicht die Zeiten sind durch diese Zeitrechnung vom geglaubten Heilsgeschehen geprägt worden, sondern das Heilsgeschehen ist an die Zeiten angepasst worden, sei es als Legitimation, sei es als Etikettenschwindel. Kaum eine Formel entlarvt dieses Beziehungsgeflecht so genau wie das sich unelegant aufklärerisch gebende Begriffsungetüm »nach unserer Zeitrechnung«. Hier wird ganz klar gesagt, dass der Zeit nicht mehr eignet, als was diejenigen ihr zugestehen, die die Macht haben, Possessivpronomen zu setzen. _____ Jeder Zorn hat auch an Traurigkeit Anteil. Recht betrachtet nähren sie sich gegenseitig. Und Anlass zu Traurigkeit und Zorn bieten rückblickend die 2000 Jahre, die man zählte, weil man als Wendepunkt die Fleischwerdung Christi setzte. Aber er, den die Christen für den Retter der Welt erachten, hat diese Zeiten nicht verdient. Als Dionysios Exiguus im Jahr 525 vorschlug, statt der Zeitrechnung der diokletianischen Ära von der Geburt des Erlösers an zu rechnen, weil die Bezugnahme auf den Tyrannen nicht angemessen sei, konnte er sich gewiss nicht vorstellen, dass die neuen Zeiten nicht weniger Grausamkeit hervorbringen würden und so eine Profanisierung des Heiligen geschah, da das Mysterium zur Kalenderaufschrift wurde. _____ *Desgleichen wie es geschah zu den Zeiten Lots: sie aßen, sie tranken, sie kauften, sie verkauften, sie pflanzten, sie bauten.* (LK 17, 28) Die Menschheit zählt nun die christliche Zeitrechnung nach Jahrtausenden. Es ist eine lange Zeitspanne, und die Zeit, in der sie anhebt, ist so weit entfernt, so lange vergangen, dass wir ihrer wohl kaum häufiger gedächten als anderen fernen Zeiten, wenn es nicht immer noch Menschen gäbe, die sich nach dem benennen, der damals als erstgeborener Sohn einer galiläischen Handwerksfamilie zur Welt gekommen ist. Für sie ist er mehr – oder sollte doch mehr sein – als eine Titulatur des Kalenders, für sie ist er der Heiland, welcher ist Christus, der HERR. (LK 2,11) Nun aber stellt sich die Frage ein, mit der man Christen bedrängen kann: Wo ist das Heil, wo der Heiland, was brachte seine Herrschaft in all den Jahren? Wo und wann haben sich die schlichten und einfachen und doch von Hoffnung überquellenden Worte Jesu erfüllt, dass die Trauernden getröstet werden; wann wurden die die Zeitläufte erschütternden Prophezeiungen des Magnificat Wirklichkeit: *Er stößt die Gewaltigen vom Stuhl und erhebt die Niedrigen. Die Hungrigen füllt er mit Gütern und lässt die Reichen leer.* (LK 1,52-53) Die zweitausend Jahre seit dem Jahr der Inkarnation Christi haben keineswegs alle Hoffnungen gestillt, die sich daran entzündeten und immer wieder aufs Neue entzünden. Mag man es für die Torheit von Glaubenden oder das Geheimnis des Glaubens halten, es wurde und wird weiter erwartet und gehofft, dass sich das Erhoffte Platz schafft in der Zeit der christlichen Zeitrechnung, die freilich daran erinnert, dass die Zeit immer mehr gedehnt wird, immer eine größere Spanne eintritt zwischen der Ansage und der Realisierung. Die christliche Zeitrechnung erinnert auf paradoxe Weise an das Geschehene und das Noch-nicht-Geschehene, an Zuspruch und Infragestellung zugleich. _____ Die Zeit des Wartens ist so lang geworden, dass man des Wartens kaum noch gewahr wird. Es ist aus der Praxis des Glaubens so gut wie verdrängt, auch wenn es im *Credo* immer wieder neu erinnert wird. Bisweilen scheint es noch auf, als gehöre es nicht in das Jetzt, sondern selbst schon in die Vergangenheit, aus der es seinen Anhalt und Grund hat. Das glaubensgewisse Wort des Paulus, in Aramäisch der Gemeinde zu Korinth zugerufen, *Marana tha* (Der Herr kommt: 1 KOR 16,22), ist längst dem beruhigenden : »Er war hier« gewichen. Indem man die Zeitrechnung nach der Inkarnation ansetzte, hat man die Erwartung, dass der, nach dessen Geburt man rechnet, am Ende der Zeit kommt, um die Zeit abzubrechen, in irgendwelche Kalenderblätter verlegt. Dass christliche Zeit Zeit auf Abruf ist, ist ebenso in Vergessenheit geraten wie der Gedanke, dass Christen keine Zukunft haben, weil sie nach Kreuz und Auferstehung ihres Herrn in der gegenwärtigen Zukunft des Endes aller Zeiten leben. Sie, die durch den Gnadenerweis Gottes aus den Zeiten und Läuften der Welt ausgebürgert wurden, sind durch die Zeitrechnung wieder in ihr heimisch geworden. Es nimmt nicht Wunder, dass die Hoffnungen und Utopien säkularisiert worden sind, wenn selbst die, die wissen, dass die Erlösung in Vollendung noch aussteht, nicht mehr mit dem rechnen, der allen Rechnungen ein Ende setzt. Der eschatologische Vorbehalt, der aus dem Glauben erwachsend zugleich immens theologisch und politisch ist, weil er davor bewahren könnte, sich mit dem zufrieden zu geben, was statthat, ist einer starren Besitzstandswahrung gewichen, so als sei die Zeit schon dadurch dem Willen Gottes näher gekommen, dass man sie nach christlicher Zeitrechnung misst. In die Leere der eschatologischen Erwartung des endgültig Guten sind säkulare Heilsversprechen eingedrungen, die, wie man nüchtern feststellen kann, weder ihr Versprechen hielten noch ihren säkularen Charakter behielten. Dagegen spricht keineswegs, dass auch Christen in dieser Zeitrechnung eher das Bleibende denn das Vergehende sehen, ja unter Umständen sogar darin in dem Sinne einen Erfolg erkennen wollen, dass die weltliche Zeit unter dem *Nomen Christi* verläuft. Fragt sich nur, wessen Erfolg das sein sollte, Gottes gewiss nicht. _____ *Denn tausend Jahre sind vor dir wie der Tag, der gestern vergangen ist, und wie eine Nachtwache.* (PS 90,4) Ein Glaube, der an einem Gekreuzigten hängt, sollte überhaupt den Begriff Erfolg denen überlassen, die ihn benötigen. Der Glaube bedarf seiner nicht, da er von menschlicher Leistung nichts weiß. _____ Die Zeit, die der Mensch misst, ist immer auch seine Zeit des Lebens. Mag er auch imaginieren, sich der Zeit zu bemächtigen, sie zu denken, zu deuten oder sie zu erfinden; ihre Wirkung ist ablesbar an der menschlichen Endlichkeit und seiner Todesverfallenheit. Und damit ist auch jeder Erfolg oder was man dafür hält dahin. _____ Vielleicht kann man mit aller Vorsicht und Zurückhaltung erwägen, ob hier der tief verborgene Grund liegt, warum alle neuen Zeitrechnungen, die versuchsweise *post Christum natum* in Europa eingeführt wurden, verschwanden mit denen, die sie zu etablieren suchten. Sie trugen bereits zu Beginn das Signum des Endlichen, weil sie jeder Begründung außerhalb ihrer eigenen Wertschätzung entbehrten. Ihnen war nichts eigen außer der Konstruktion ihrer selbst. Womöglich ist das

4 5/4 Sarapis-Saturn als ›Agathos Daimon‹ *Sarapis ist eine Synthese der ägyptischen und griechischen Totengötter Osiris-Apis und Hades-Pluton. Häufig wurde er als Schlange mit menschlichem Kopf dargestellt. In der religiösen Vorstellung der römischen Kaiserzeit war er weniger mit Totenkult und Unterwelt assoziiert, sondern wurde zu einer Art Universalgottheit, die den Rang des ältesten und höchsten Gottes im römischen Pantheon, Saturn, einnahm.* Hamburg, Museum für Kunst und Gewerbe selbst einer sich säkular verstehenden Gesellschaft zu wenig. In der christlichen Zeitrechnung schimmert, wie in jeder religiös motivierten, noch ein wenig von dem Geheimnis durch, das sich jeder Mensch bleibt, und sei es für eine Sekunde seiner Existenz. _____ Es bleibt der Befund, dass die Benennung der Zeitrechnung nach einem sich in der Welt ereignet habenden Geschehen, dessen Bedeutung sich aber erst im Glauben an dieses Geschehen erschließt und das eben die Vorstellung der Zeit der Welt sprengt, ein Akt ist, der für beide Größen Implikationen und Konsequenzen hat, die insbesondere in ihrer widersprüchlichen Beziehung zueinander zu einem Gegeneinander führen können. Die Sache wird nicht dadurch erleichtert, dass sich nicht der Vorschlag des Victorius von Aquitanien (450) durchgesetzt hat, die Zeit ab der Passion Jesu zu berechnen. Denn ob nun Inkarnation oder Passion, beide in der Geschichte und damit in der Zeit sich zutragende Geschehnisse sind erst dann von Wichtigkeit, wenn sie mehr sind als *bruta facta* einer vergangenen Zeit. Wiederum ist es der Glaube, der sie stetig erinnernd der Vergangenheit entreißt und zu je jetzigen erfahrbaren Heilsversprechen macht. Ohne die theologische Deutung entraten Geburt und Tod eines Juden aus Galiläa einer Bedeutung, die die Zeitrechnung nach einem dieser Ereignisse rechtfertigen würde. Am Anfang der christlichen Zeitrechnung steht also die theologische Reflexion, die Anspruch auf die Deuthoheit über die Zeit der Welt erhebt. Man könnte meinen, dass bereits der Evangelist Lukas versucht hat, Zeit der Welt und Zeit des Heils miteinander zu vereinen, wenn er seine Geburtsgeschichte beginnen läßt: *Es begab sich aber zu der Zeit, dass ein Gebot von dem Kaiser Augustus ausging, dass alle Welt geschätzt würde.* (1 K 2,1) Nur ist dem nicht so, da Lukas vielmehr in seiner Erzählung darlegt, dass der Kaiser Augustus nichts ist und seine Zeit abgetan ist, da jetzt der Retter da ist, der die Zeit neu schreibt. In der Weihnachtserzählung wird die Heilszeit nicht in die Profanzeit eingeordnet, sondern letztere wird jener untergeordnet, ja fast für obsolet erklärt, weil sie nicht die Zeit Gottes ist. _____

❶

_____ Auch wenn hier *in nuce* der theologische Gedanke begegnet, dass die Zeit dem zugehörig ist, der sie neu gewichtet und ändert, so bedurfte es doch einer theologisch weitergehenden Interpretation und einer veränderten historischen Konstellation, um eine christliche Zeitrechnung zu begründen. Die theologische Prämisse ist zweifelsohne unter anderem – Monokausalitäten gibt es in der Theologie nicht – die Vorstellung der Herrschaft Christi über den gesamten Kosmos. _____ Ihre biblische Ausprägung hat diese Christologie insbesondere im Kolosserbrief, einer Schrift der Paulusschule, erhalten. Hier ist der Gedanke der Erhöhung Christi nach Tod und Auferstehung in die Gegenwart Gottes entfaltet worden zu einer kosmischen Theologie, die im Erhöhten den Grund allen Geschaffenen sieht: _____ *Denn durch ihn ist alles geschaffen, was im Himmel und auf Erden ist, das Sichtbare und das Unsichtbare, es seien Throne oder Herrschaften oder Fürstentümer oder Obrigkeiten; es ist alles durch ihn und zu ihm geschaffen.* (KOL 1,16) In dieser Deutung der Relation Christi zu der Welt meldet sich ein Anspruch auf die Welt an, denn wie jeder anderen Weltdeutung ist auch der christlichen die Versuchung beigegeben, sich Welt gemäß der Deutung anzueignen. _____ Die irdische Zeit unter das Vorzeichen der Herrschaft Christi zu stellen ist zwar keine zwingende, aber doch mögliche Konsequenz dieses Denkansatzes, die sich dann verstärkt nahelegt, wenn die gesellschaftlichen Bedingungen kongruent sind. Als Dionysios Exiguus den Vorschlag der Berechnung der Zeit nach dem Zeitpunkt der Inkarnation Christi unterbreitete, war das Imperium Romanum längst kein paganer Staat mehr, sondern verstand sich bereits als christlicher. Die Wirklichkeit und die Deutung widersprachen sich offensichtlich nach seiner Wahrnehmung nicht völlig. Gleichwohl ist das Anliegen des Dionysios Exiguus nicht von vornherein dem Verdacht der Machtaneignung auszusetzen. Vielmehr argumentiert er theologisch, wenn er als Grund für die neue Zeitrechnung nach der Inkarnation nicht nur die unerträgliche Zumutung benennt, die die bisherige nichtchristliche bedeutete, sondern begründend anführt, dass damit der zeitliche Punkt »unserer Hoffnung« klar hervortrete. Die Zeitrechnung nach der Inkarnation Christi bedeutet für Dionysios anscheinend die stetige Vergegenwärtigung des Erlösungsgeschehens, eine Anamnese des Heils in den Zeitläuften der Welt. Damit wäre eine Sakralisierung der Zeit gegeben, da sie in ihrem Verlauf je neu die Hoffnung auf Rettung aktualisierte und gegenwärtig hielte. In diesem streng theologischen Sinne wäre die christliche Zeitrechnung ein sakrales Medium, das zugleich der *propaganda fidei* diente. Die Zeit des Glaubens wäre dann deckungsgleich mit der Zeit der Welt. Zwei verschiedene Wahrnehmungen von Zeit wären vereint, da die theologische Interpretation den Bezugsrahmen der weltlichen Rechnung bildeten. _____ *Es ist ein Weinen in der Welt, Als ob der liebe Gott gestorben wär* (ELSE LASKER-SCHÜLER, WELTENDE) Vielleicht ist es denkbar, dass irgendwann durch irgendwen entdeckt wird, dass auch die säkular verfasste Welt sich selbst nicht genug sein kann, weil in ihr Menschen leben, die der Hoffnung und des Trostes bedürfen. Wem das wenig erscheint, mag immerhin zugeben, dass auch die, auf deren Leid die Welt keine Antwort weiß, zu dieser Welt gehören und ein Recht auf Antwort haben. Vielleicht sind es die, die sich auf den armen Mann aus Galiläa berufen, die irgendwann wieder innewerden, dass der eschatologische Vorbehalt ein tiefes Moment der Freiheit ist. Er befreit vom Erklärungs- und Deutezwang, weil er darum weiß, dass das Geglaubte seiner endgültigen Bewahrheitung noch bedarf. Das Weinen der Welt kann gehört werden und die Weinenden können getröstet werden, denn ein Glauben, der nicht zu trösten vermag, ist nichts wert. So wäre in der säkularen Welt ein Raum der Widerständigkeit, in dem die Gesetzmäßigkeit der Zeit außer Kraft gesetzt ist. So darf und kann man in den *annis ab incarnatione* gelassen hoffen und warten und sich einüben in das Hören: Es pocht eine Sehnsucht an die Welt.

❶ 5/11 *Abbildung der im Diözesan-Museum zu Ravenna aufbewahrten Marmortafel aus dem 6. Jahrhundert mit den Berechnungen des Osterfestes durch Dionysius Exiguus*
❷ 5/15 *Die vom Weber Michael Zimmermann 1823 gemalte Tafel mit den Weltzeitaltern wird in der evangelischen Gemeinde zu Nabern aufbewahrt. Im Pietismus versuchten namhafte Gelehrte und Theologen das als nahe bevorstehend empfundene Weltende präzise zu berechnen. Einer von ihnen war Philipp Matthäus Hahn, auf dessen Berechnungen die Tabula chronologica zurückgeht.*

❷

)die apokalypse findet nicht statt!

prophetische zukunftsvisionen zum ende des jahrtausends in deutschland—— HUBERT KNOBLAUCH UND BERND SCHNETTLER

→ zeitenwenden und endzeitliche beunruhigung Im dem Augenblick, wo wir diesen Text verfassen, trennen uns nur noch wenige Wochen vom Anbruch des Jahres 2000. Wenn wir in die Geschichte zurückblicken, so waren Zeitenwenden oftmals Auslöser zur Freisetzung starker religiöser Fantasien und Bewegungen. So herrschte möglicherweise beim ersten Jahrtausendwechsel Endzeitstimmung, und auch das gesamte europäische Mittelalter war durch immer wiederkehrende apokalyptische Bewegungen geprägt. Angesichts der heute allgegenwärtigen Katastrophenmeldungen dürfte man erwarten, dass auch der herannahende zweite Jahrtausendwechsel ein idealer Nährboden für eine Renaissance von religiösen Weltuntergangspropheten wäre: Unser Planet werde bedroht von globalen Klimaveränderungen, von einer ständig wachsenden Erdbevölkerung; Erdbeben erschütterten seine Kruste, das Abschmelzen der Polkappen mache bereits vor Generationen vorausgesagte Überschwemmungen und Springfluten immer wahrscheinlicher, Ozonloch und Umweltverschmutzung zerstörten schleichend unsere Lebensgrundlagen, und das verborgene Nuklearpotential drohe, die Erde zu sprengen. Bis in die späten achtziger Jahre hinein wurden diese Katastrophenmeldungen von einer Reihe mächtiger sozialer Bewegungen aufgenommen, die den Eindruck vermittelten, tatsächlich in einer Endzeit zu leben: Die Friedensbewegung, die Anti-AKW-Bewegung, die Ökologiebewegung – sie alle waren von mehr oder weniger ausgeprägten Endzeit-

❶

vorstellungen geleitet. —— Heute indes – kurz vor dem Eingang in das noch vor Jahr und Tag so sagenhaft zukunftsträchtige wie ferne Jahr 2000 – mutet uns die in den zurückliegenden Dekaden dominante Weltuntergangsstimmung nahezu befremdlich an. Nach der mit dem Fall der Mauer eingeleiteten Verflüchtigung des Ost-West Konflikts, in dessen Gefolge schon von einigen das ›Ende der Geschichte‹ verkündet wurde, scheint weder Raum für utopisches Hoffen noch für Angst vor dem Untergang. —— Noch verwunderlicher ist: Die Jahrtausendwende weckt zwar (nicht sehr ausgeprägte) Ängste und Befürchtungen vor der technischen Bewältigung der Zukunft (Y2K). Sie enthält auch einen Funken technisierter Utopie, wie es in dem Bedeutungswandel des Begriffes ›Vision‹ zum Ausdruck kommt. Aber ihre symbolische Bedeutung beeindruckt die Menschen in unserer Kultur wenig. Die Jahrtausendwende soll zwar ein ›Event‹ sein – sie trägt aber kaum mehr eine religiöse Bedeutung, die uns mit dem Jenseits, dem Göttlichen oder auch nur mit einer besseren Welt verbindet. Diese – jedenfalls in der christlichen Tradition und im Vergleich mit den amerikanischen Verhältnissen – geradezu areligiöse Zukunftsorientierung weist auf einen tiefgreifenden Bruch mit der christlich-religiösen Tradition in unserer Gesellschaft hin, eine Tradition, die tief mit Prophetien verbunden war und, wie wir sehen werden, zumindest im angelsächsischen Raum auch noch immer damit verbunden ist. →visionäre prophezeihungen Allgemein wird der Prophet als eine Person angesehen, die über eine besondere Gabe verfügt: die Fähigkeit des ›Hervorsagens‹ (griechisch: próphemi) des göttlich Richtigen und Wahren. Begründet sind seine Zukunftsaussagen dabei oft in besonderen Transzendenzerfahrungen, häufig in ›Visionen‹. Visionen sind verbunden mit einem besonderen Bewusstseinszustand. Sie tragen, modern gesprochen, paranormale Züge: Sie beanspruchen, gleichsam vorausgreifende Ausblicke in eine zukünftige Wirklichkeit zu sein. Zugleich zeichnen sie sich durch einen grundlegend kollektiven Charakter aus, denn sie beziehen sich in der Regel auf das Schicksal größeren Gruppen oder ganzer Völker. _____ Seine spezifisch religiöse Bedeutung erhielt der Begriff der Prophetie erst durch die Übertragung des Alten Testaments ins Griechische: Die Septuaginta übersetzte das hebräische Wort *nabi* als ›Propheten‹ und stellte damit erst die prophetische Existenz mit einem spezifischen Gotteserlebnis in Beziehung, das der alttestamentliche Prophet bei seiner Berufung durch Jahwe erfuhr. Diese Berufung blieb keineswegs nur abstrakt. Im Unterschied zu den griechischen Sehern nämlich zeichnen sich die israelitischen Propheten durch ihre besondere ekstatische Qualität aus: Sie werden vom Geist »gepackt«, die göttliche Hand ergreift Besitz von ihnen, sie werden von Jahwe berührt: Ezechiel klatscht in die Hände, schlägt sich die Seiten und stampft den Boden. Jeremias verhält sich wie ein Betrunkener und schlottert an allen Gliedern. Das Gesicht der Propheten verzerrt sich, zuweilen stürzen sie zu Boden, winden sich in Krämpfen, verlieren kurzzeitig die Sprache und die Sehkraft, wenn sie ihre ›Gesichte‹ haben. Das Gotteserlebnis kann sich jedoch auch in anderen Formen ausdrücken, beispielsweise in Auditionen, also dem Hören fremder Stimmen. Dann ist es das Hören der Stimme Jahwes, des unsichtbaren Gottes, der ihnen die Gewissheit vermittelt, daß sie *sein* Werkzeug sind und ihnen aufträgt, oft gegen ihren Willen auferlegt, *seine* Botschaft zu verkünden. _____ Prägend für die christliche Prophetie war zweifellos die Offenbarung des Johannes. Der hier angekündigte Ablauf des Weltuntergangs, des Endkampfes zwischen Gut und Böse, des Jüngsten Gerichts und des anschließenden Anbruchs eines ›Neuen Himmels‹ und einer

❶ *Die Wiederkunft Christi und seiner Getreuen, unter denen auch Reformatoren und Pietisten, darunter Philipp Jakob Spener und Johann Albrecht Bengel, zu sehen sind; um 1900,* Landeskirchliches Museum Ludwigsburg

❷ **5/87 Indisches Gebets-Tuch** Stuttgart, Linden-Museum

›Neuen Erde‹ bildete das Muster für zahlreiche nachfolgende Endzeitprophetien. Apokalyptische Prophezeiungen dieser Art durchziehen das gesamte Christentum, besonders auch im mitteleuropäischen Raum: Zu den bekanntesten zählen sicherlich die Visionen der prophetischen Mystikerin Hildegard von Bingen, die religiösen Verfall, einen sühnebringenden ›Weltenbrand‹, Verwüstungen und Plagen sowie das Kommen des Antichrist prophezeite. Im 16. Jahrhundert errichteten die Wiedertäufer in Münster in der festen Überzeugung, die prophezeiten Zeichen des nah bevorstehenden Weltendes seien bereits eingetreten, und in Erwartung der Wiederkehr Christi und des Anbruchs des tausendjährigen Reiches ihre Herrschaft des ›Königs der letzten Tage‹ – die, wie wir wissen, ein äußerst weltliches Ende nahm. Etwa zur selben Zeit veröffentlichte in Frankreich der Arzt Michel de Notredame, genannt ›Nostradamus‹, seine berühmten *Centurien* – verschlüsselte Weissagungen, die bis in unsere Zeit Rätsel aufgeben, wie etwa der *quatrain* VIII-77, die von einigen Nostradamus-Exegeten als Ankündigung eines dritten Weltkriegs interpretiert werden: »Antichrist drei Länder bald vernichtet/Siebenunzwanzig Jahre sein blutger Krieg nicht ruht/Ketzer tot, gefangen und geflüchtet/Starr das

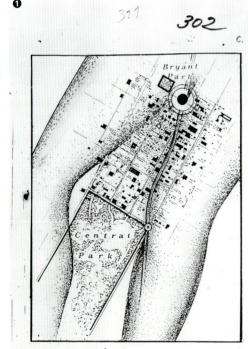

"Wünsche angenehme Unterhaltung" —:
neunzig Theater und fünfundsiebzig Hotels,
mit Höhepunkt "Times Square".

"Central Park" —: treffend gewählter Name !

Land, das Wasser *rot* von Blut«. In die Volkstradition eingegangen sind ebenso die Gesichte des 1753 in Apoig im Bayrischen Wald geborenen Matthias Lang, genannt ›Mühlhiasl‹: »Wird ein grosser Krieg kommen. Ein Kleiner fangt ihn an, und ein Grosser, der übers Wasser kommt macht ihn aus (…) die Donau herauf werden eiserne Hunde bellen (…) Alles nimmt seinen Anfang, wenn ein grosser weisser Vogel oder ein Fisch über den Wald fliegt (…) Dann kommt der Krieg und noch einer und dann wird der letzte kommen – Wann es kommt? Eure Kinder werden es nicht erleben, aber eure Kindeskinder bestimmt – Vom Osten wird er kommen und im Westen aufhören (…) Der letzte Krieg wird der Bänkeabräumer sein.« **→ apokalypse now: amerika** Begibt man sich im westlichen Kulturkreis auf die Suche nach modernen Propheten, nach religiösen Visionären der Zukunft in der Zeit des *Cyborg*, wird man vor allen Dingen im angelsächsischen Raum fündig. So säkular sich die heutigen USA von außen ausnehmen mögen: auch in der Gegenwart zählt apokalyptisches religiöses Gedankengut zum integralen Bestandteil der Weltansicht vieler US-Amerikaner. Pointierter drückte der Historiker Leonard Sweet diesen Sachverhalt 1979 in der Zeitschrift *Theological Studies* aus: »watching, waiting, and working for the millennium (…) has become, even more than baseball, America's favorite pastime«. Heute künden z.B. viele, mit apokalyptischen Bezügen aufgeladene Hollywood-Kassenschlager (z.B. *Armaggedon, Independence Day, Deep Impact, Flechtchers Visionen, End of Days*) vom Ende der Zeiten. Auch auf der akademischen Ebene manifestiert sich jenseits des Atlantiks die intensive Auseinandersetzung mit der apokalyptischen Zukunft: In Boston zum Beispiel existiert ein eigenes Forschungsinstitut für endzeitliche Studien, das ›Center for Millennial Studies‹. Und wenn man Umfragen Glauben schenken darf, dann erwarten 1999 rund 40 Prozent der US-Amerikaner noch zu ihren Lebzeiten den Weltuntergang – und zwar genau so, wie in der Bibel »angekündigt« (71 Prozent unter praktizierenden Protestanten). Dabei ist zu betonen, dass diese apokalyptischen Glaubensformen tief religiös geprägt sind. Für das Verständnis auch der Verhältnisse in unserer Gesellschaft ist es bedeutsam, dass diese religiöse Prägung nicht nur auf ihre Zukunftsvorstellungen zutrifft. Nach einer Umfrage des Gallup-Instituts hielten 1980 immerhin noch 40 Prozent der Bevölkerung in den USA die Bibel für die ›wortwörtliche Wiedergabe der Worte Gottes‹. **→ verhaltene visionen: propheten in deutschland** Wie aber sieht es im deutschsprachigen Raum aus? Tatsächlich wird auch hierzulande die Angst vor der Apokalypse mächtig geschürt. Genauer sollte man sagen: Es ist vor allem der »Kulturbetrieb«, der vor der Flut von Apokalyptikern warnt, wie sie aus dem angelsächsischen Sprachraum bekannt sind. Unzählige Zeitschriftenartikel, Bücher, Fernsehsendungen, Expertendiskussionen und Seminare warnen vor den Gefahren, die von endzeitlichen Sekten und Bewegungen ausgingen. ___ Wie aber stellt sich die lebensweltliche Realität jenseits des von professionellen Experten getragenen ›Millenniumsdiskurses‹ dar? Dieser Frage gehen wir derzeit in einem Forschungsprojekt nach. Wir begaben uns dazu auf die Suche nach den Propheten des nächsten Jahrtausends und nahmen Kontakt mit den Einrichtungen gegenwärtiger Apokalypse auf. Wir besuchten die führenden »Lichtgestalten« deutschsprachiger Prophetie, wie etwa Uriella, die Leiterin von Fiat Lux, sprachen aber auch mit »Wald-und Wiesen«-Propheten und -Prophetinnen, die keine Gemeinschaft um sich scharen. ___ Vor dem Hintergrund der geschürten Angst vor apokalyptischen Bewegungen sind die Ergebnisse all dieser Anstrengungen jedoch ernüchternd: Während der kulturbetriebliche Experten- und Mediendiskurs vor apokalyptischen Bewegungen warnt, scheint sich der Rest der Gesell-

❶ 5/52 Seite 302 aus dem Buch ›Das Weltende in Kürze‹ von Hans Gygax. *Der Autor schreibt über sich und sein Werk: »Geboren am 23. Oktober 1906, auf dem Po-Delta, Italien. Vorfahren: Bauleute, Tüftler, Kunsthandwerker. Schulzeit in Basel (mit Kunstschule). Im Zürich der 40er und 50er Jahre: Bohème, ohne Geld. Mit 65: Altersrente, innere Ruhe und damit – da unangepasst – Durchforschung all dessen, was die machthabende/exakte Trivialwissenschaft uns schon lange streng verboten hat: Prophetie und ähnliches. Über die illegalen Entdeckungen liegen einige Buchsudel an Halde.« Zürich, Verlag Ricco Bilger*

❷ 5/52 Seite 299 aus dem Buch ›Das Weltende in Kürze‹ von Hans Gygax. *Das Epizentrum des Weltuntergangs wird in New York, und dort auf dem Times Square liegen. Zürich, Verlag Ricco Bilger*

❸ 5/52 Seite 304 aus dem Buch ›Das Weltende in Kürze‹ von Hans Gygax. *Gleichsam als Vademecum und Gebrauchsanweisung für die unmittelbar*

schaft gegenüber dem Jahrtausendwechsel recht gleichgültig zu verhalten, und selbst die wenigen Propheten zeigen sich eigenartig verhalten. Die Indifferenz der deutschen Bevölkerung kommt in einer repräsentativen Telefonumfrage des Hamburger Sozialforschungsinstituts IPSOS vom November 1999 zum Ausdruck. Auf die Frage »Was verbinden Sie persönlich mit dem Jahr 2000?«, antworteten 64 Prozent, dass es für sie einen ganz ›normalen Jahreswechsel‹ darstellt. Lediglich ein Drittel der Befragten schätzt die Besonderheit dieser ›Gelegenheit für eine außergewöhnliche Sylvesterfeier‹ – überraschend wenige angesichts der geballten Anstrengungen der Reise- und Festverstaltungsbranche zur Eventisierung und Kommerzialisierung dieses Datums. Eindeutig dominieren in den Deutungen des Datums säkulare Assoziationen – nur 11 Prozent stellen es in Verbindung mit dem ›2000-jährigen Jubiläum des Christentums‹. Untergangsvorstellungen schließlich weckt der Millenniumswechsel nur bei einer marginalen Minderheit: 5 Prozent sehen dem Ausbruch von politischen, wirtschaftlichen und ökologischen Krisen entgegen, und nur 8 der insgesamt 1017 Befragten glauben an den ›Untergang der Welt‹. _____ Würde man nun vermuten, dass die wenigen, die an den Untergang der Welt glauben, eine Art apokalyptische Speerspitze nach amerikanischen Vorbild abgeben, findet man sich wiederum enttäuscht. Halten sich schon die bekannteren Propheten und Prophetinnen und ihre Gemeinschaften – wie etwa *Fiat Lux* oder *Universelles Leben* – im deutschsprachigen Raum erstaunlich zurück, was die Jahrtausendwende angeht, so findet sich auch bei den Menschen, die prophetische Zukunftsvisionen haben und keiner Gemeinschaft verpflichtet sind, eine – im Vergleich zu den amerikanischen Verhältnissen – geradezu verblüffende Zurückhaltung. So konnten wir bei den von uns interviewten Visionären (die es auch hierzulande durch-

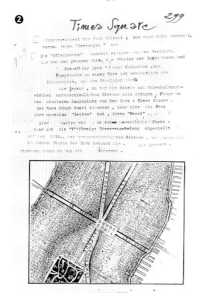

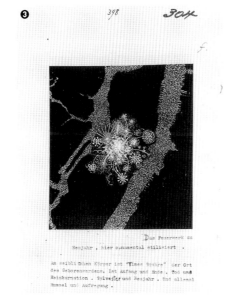

bevorstehende Zukunft publizierte der Zürcher Verleger Ricco Bilger 1994 das literarische Lebenswerk von Hans Gygax. Zürich, Verlag Ricco Bilger

aus gibt) keine einzige auf den Anbruch des Jahres 2000 bezogene Prophezeiung finden. Insgesamt bleiben die Zukunftsbezüge des von den Visionären Vorauserfahrenen von einer großen Diffusität geprägt. Bei einer Vielzahl von ihnen finden sich, obwohl einzelne Motive der apokalyptischen Symboltradition in abgeschwächter Form auftreten, zudem kaum explizite religiöse Bezüge. Betrachten wir exemplarisch den Fall des Herrn S., der vor einigen Jahren eine Zukunftsvision hatte: Er sieht sich an einem ihm damals unbekannten Ort. Dort herrscht »ein totales Chaos. Es ist dunkel. Stockdunkel. Nur die Straßenlaternen flimmern leicht. Ich sehe Menschen laufen, gehe auf einen Mann zu, will ihn fragen: was ist hier eigentlich los? Doch der weicht aus, rempelt ein kleines Mädchen an.

Das Mädchen fällt auf die Straße und wird von einem LKW überrollt. Ich sehe das bildlich vor mir: die Frau rennt zu dem Kind hin, weint. Und plötzlich sehe ich vom Horizont her ein ganz helles Licht. Also so, wie wenn die Sonne untergeht, wie eine Aura. Ich sehe, wie dieses Licht immer näher kommt. Ich gehe hinunter zum See, schaue rüber, sehe helle Lichter auf uns zufliegen, die ich nicht genau identifizieren kann. Die Lichter gehen in Tiefflug und greifen an. Sie schießen auf die Menschen, bombardieren die Häuser. Und dann kommt das Verrückte: ich schnappe mir einen Ford KA – die Tür ist auf, der Schlüssel steckt –, setze mich hinein und verspüre nur den Drang: ich muss jetzt meine Freunde warnen. Ich fahre hin, aber das Haus ist schon zerstört, es brennt. Es ist kein Mensch mehr da, und ich weiß genau, da lebt keiner mehr. Und damit endet die Vision. Ich bin todtraurig.« _____ Erinnern wir uns an die erwähnten Prophezeiungen Mühlhiasls, so finden wir in der hier geschilderten Vision eines zukünftigen Krieges durchaus Ähnlichkeiten. Deutlicher aber sind die Unterschiede: die zeitgenössischen Visionen in unserem Kulturraum bleiben vage und unbestimmt nicht nur hinsichtlich des Inhalts, sondern auch des Zeitpunktes. →**religiöse enttraditionalisierung** Wir sollten hier nicht den Eindruck erwecken, als weckte die ›Zeitenwende‹ hierzulande gar keine Ängste: Immerhin befürchten 13 Prozent der Befragten den Zusammenbruch von Computersystemen am 1.1.2000. Dennoch bleibt ›Y2K‹ hierzulande ohne religiöse Symbolkraft. Das Akronym ist nicht mehr als das icon einer rationalen, technischen und sehr diesseitigen Bewältigung der Zukunft. Mit anderen Worten: Im Unterschied zu den angelsächsischen Verhältnissen ist die symbolische Bedeutung des nun kurz bevorstehenden Jahrtausendwechsels unter den Deutschen nahezu vollständig verblasst. Warum, so wäre abschließend zu fragen, bleibt der in den Vereinigten Staaten zu verzeichnende apokalyptische Boom, der häufig kritiklos auf unsere Gesellschaft wortwörtlich »übersetzt« wird, bei uns (noch?) aus? Diese Frage ist vermutlich nur vor dem Hintergrund der beträchtlichen Unterschiede in der Religiosität zwischen Europa und den USA zu klären. Um nur ein Beispiel zu erwähnen: Während in den USA 83 Prozent an Gott als Person glauben, sind es in Europa nur 38 Prozent. Überdies ist hierzulande vielen die christliche Lehre schon rein kognitiv nicht mehr vertraut: rund 40 Prozent der deutschen Bevölkerung kennen die Bibel so gut wie gar nicht. Vor dem Hintergrund dieses Verlusts religiöser Tradition überrascht es nicht mehr, dass die religiöse Prophetie in unserer Gesellschaft kaum mehr existiert: Unter einer ›Vision‹ wird fast nur noch das verstanden, was in Zukunft auch realisiert werden kann. Visionen sind also nicht völlig aus unserer Gegenwart verschwunden – sie haben aber sehr diesseitige, weltliche und erstaunlich pragmatische Züge angenommen.

❶ **Herabkunft des Königs aller Könige vom Himmel,** _um 1850 Maler Renz, Stuttgart, kolor. Lithographie_ Landeskirchliches Museum Ludwigsburg ❷ **5/239 Heiliger Christophorus Kynokephalos** Frankfurt am Main, Museum für Kunsthandwerk, Ikonenmuseum ❸ **5/238 Heiliger Christophorus** Frankfurt am Main, Museum für Kunsthandwerk, Ikonenmuseum

❶

5/153 29 Textil-Miniaturobjekte *mit Symbolen und Motiven religiöser Traditionen der Bahá'í-Künstlerin Brigitte Schirren*

DASS SO
WEGE ZU
EBENSO

Kan
Ilm Women and Their

Kosherfest 99

s Largest
ermarket

Flat Rate
Shipping!
$4.99

About Store

A&B
FAMOUS
Gefilte Fish

gift baskets

services

sweets

THE CHURCH OF
SUS CHRIST
F LATTER-DAY SAINTS

ENTER HERE

Homepages religiöser Gemeinschaften im Internet: *keine Religion verzichtet mehr auf die stets aktualisierte Selbstdarstellung im world-wide web.*

णमो सिद्धाणं
(Obeisance to the Emancipated)
Click here for recital

CHER DIE WAHRHEIT SUCHT UND NICHT FINDET, RÜHRT WOHL DAHER, DASS DIE

RHEIT, WIE DIE IN DEN NOGAISCHEN STEPPEN, VON EINEM ORT ZUM ANDERN

WIE LANG SIND. ──GEORG CHRISTOPH LICHTENBERG, APHORISMEN

शैलपुत्री

चन्द्रघन्टा

कालरात्री

महागौरी

स्कन्दमाता

सिद्धिदात्री

कात्यायनी

ब्रह्मचारिणी

कुष्माण्डा

JOTHI 274

036

02 __ unterwegs)

NICHT DER PROPHET, DER WIE EIN STROM DIE UFER
DES EIGNEN DASEINS FURCHTBAR ÜBERBRANDET,
IST UNSRER ZEIT BESCHWÖRER UND BERUFER.

Zeitgenössische populäre Darstellung der Göttin Durga in ihren unterschiedlichen Erscheinungsformen.

GOTT IST SCHON LÄNGST AUF TROCKNEM SAND
GESTRANDET.

MIRIAM RIEGER_____

Religionen aus aller Welt beschreiben eine alternative Landkarte, die jenseits des profanen Denkens in topografischen Kategorien wie Ländergrenzen und Rohstoffvorkommen existiert. Religiöses Leben in seiner ganzen Mannigfaltigkeit ist immer noch, allen Unkenrufen zum Trotz, weltweit gegenwärtig. Manche der religiösen Überzeugungen sind an die Überlieferung innerhalb einer ethnischen Gemeinschaft gebunden und werden mit dieser untergehen. So ist dies der Fall bei der Ahnenverehrung der Andamanen im Golf von Bengalen, die zu den vom Aussterben bedrohten Völkern gehören. Andere Religionsgemeinschaften wiederum erfahren, wie die Bahai vor allem in Teilen Afrikas und auf dem indischen Subkontinent, einen überproportionalen Zuwachs._____ Betrachtet man die Gegenstände, die Teil eines Ritus und somit auch Ausdruck einer jeweiligen spirituellen Verfasstheit sind, scheinen sich auf den ersten Blick nur schwer Gemeinsamkeiten oder Querverbindungen zwischen den einzelnen Religionen ausfindig machen zu lassen. Von zentraler Bedeutung für eine Gruppe in Papua-Neuguinea ist zum Beispiel ein Schwirrholz, aus ihm vernehmen die jungen Männer die Stimme des »Krokodils«, einer Ursprungsmacht, die den Höhepunkt des Schwellenrituals verkündet, mit dem sie sich das

Recht auf das Betreten des Männerhauses erworben haben. Nicht einmal im Leben, sondern mehrmals täglich vergegenwärtigt der gläubige Moslem seine Hingabe an Gott, wenn er seine Pflichtgebete verrichtet und zu diesem Zweck eine Gebetsmatte über den Boden ausbreitet. Die Gegenstände aus dem äthiopischen Christentum wiederum weisen auf die Unterscheidung hin, die zwischen der Tätigkeit des Priesters und der Laienfrömmigkeit besteht. Hingegen geben die bemalten Holzfiguren, die die Nikobaren zur Schadensabwehr an Stellen in ihrem Dorf anbringen, kaum ein Indiz für eine gottesdienstliche Praxis. _____ Eine Gemeinsamkeit läßt sich herstellen, wenn wir Religiös-Sein als das »Interesse am Unbedingten« begreifen. Das Unbedingte: das war jener mythische Zustand der Einheit des Schöpfers mit seiner Schöpfung. Diese Einheit ist zerbrochen, der Mensch befindet sich in steter Entfernung zu seinem mythischen Ursprung. Diese Entfernung kann – ähnlich zum Heimweh des Reisenden – als schmerzhaft erfahren werden. Dieses Spannungsfeld zwischen Ursprungsnähe und Ursprungsferne findet in Religionen seine Bearbeitung, dabei gilt es, unter anderem mithilfe bestimmter Handlungen, die Kluft zum Ursprung zu überbrücken. Nun gehört es, wie der Religionsphilosoph Klaus Heinrich bemerkt, zur »Dialektik des Ursprungsdenkens, dass die gleichen Veranstaltungen, die den Bruch überbrücken sollen, den Bruch sichtbar machen«. Alles, was darauf gerichtet ist, die Einheit mit der Ursprungsmacht wiederherzustellen – seien es Initiationsriten, Gebetsabläufe, eine arbeitsteilige Organisation des Gottesdienstes oder die Formgebung von Abwehrfiguren – ist also genauso Beschwörung der Ursprungsmacht, die wieder lebendig, erfahrbar gemacht werden soll, wie auch ihre Bannung in der rituellen Form. Es ist immer auch die Sichtbarmachung des ambivalenten Bruchs zwischen Mensch und Gottheit, für die Kultgegenstände einstehen. _____ Heilsversprechungen sind häufig mit der Vorstellung eines besseren Ortes verbunden, den der Gläubige erreichen wird, und auf den er sich quasi als Reisender hinbewegt. Sehr anschaulich machen das Zeichnungen, die der Religionsethnologe Efraim Andersson während seiner Beobachtung einer messianischen Bewegung am Unteren Kongo zusammengetragen hat: Die nahe Heilserwartung drückt sich hier in »Passierscheinen« aus, die die Anhänger sich selbst ausgestellt haben, und die sie in der Selbstbezeichnung »card to heaven free passage« nennen. Ein dort abgebildetes Flugzeug steht für das Vehikel, mit dem die Reise in den Himmel angetreten werden wird. _____ In nahezu jeder Religion gibt es eine Instanz, an die sich der Reisende wenden kann. Im Hinduismus ist dies die Gottheit *Ganesha*, die von den Gläubigen zu Beginn jeder Unternehmung aufgesucht wird. Für die australischen Aboriginals gestalten sich die lebensnotwendigen *walk-abouts* als Erkundungen eines mythischen Zeitraumes, und in den protestantischen USA findet der Motelgast eine Ausgabe der Heiligen Schrift im Nachttisch. Reiseberichte konstituieren Religionen: Während seiner mythischen Fahrt in den siebenten Himmel verhandelt Mohammed mit den Propheten und Allah über die rechte Art zu beten und legt somit den Grundstein für eine der fünf Säulen des Islam. Erst der Auszug aus Ägypten führt das Volk Israel zum Berg Sinai, wo Moses von Jahwe die Gesetzes-

❶ 5/283 **Pilgerkarte der Stadt Lhasa (Ausschnitt)** *Zehntausende von Pilgern strömten zu den großen Festen in die Stadt Lhasa. Die sich über mehrere Wochen hinziehenden Feiern anläßlich des Neujahrsfestes fanden ihren Höhepunkt im Großen Gebet für das Glück aller Lebewesen. Die Karte diente der Orientierung der von weither Gekommenen.* Museum der Kulturen Basel ❷ 5/226 **Handatlas der Khuza** *Symbolische Abbildung des Weltrings: das Ringrelief stellt die weltumspannende kultische Straße dar (Vorläufer der Seidenstraße).* Karlsruhe, Klaus Heid ❸ 5/62 *Mit dem* **Handkreuz** *segnet der äthiopische Priester die Gemeinde; mit ihm spricht er auch den Segen über Wasser.* 5/77 **Äthiopische Amulett-Halskette.** *In den kleinen Behältnissen waren Schutz- und Segenssprüche aufbewahrt.* 5/65 **Äthiopische Priesterrassel** *Alle drei Objekte: Linden-Museum Stuttgart* ❹ Jean McMann, *Altars and Icons: Sacred Spaces in Everyday Life,* Chronicle Books, San Francisco 1998

urkunden empfängt, die den Bund zwischen Gott und dem Volk beschließen. Und, schließlich: Reiseunternehmungen sind Bestandteile eines religiösen Kultus: unzählige Pilgerbüchlein verweisen allein im tibetanischen Buddhismus auf Heiligtümer – reale und mythische – die der Gläubige aufsuchen und umkreisen kann, um spirituellen Verdienst zu erlangen. _____ Das Motiv der Reise, so Christian Meyer, »erweist sich geradezu als Spiegel der Wirklichkeit einer Religion«, über das sich das Verhältnis von Lebens- und Erlebniswirklichkeit, von Mythos und Ritus einer Religion erschließen läßt. Das heißt erstens: Das Muster einer Reise lässt sich jenseits eines theologischen Interesses an einer Religion leicht nachvollziehen und eignet sich somit als Gegenstand der vergleichenden Religionswissenschaft. Zweitens verdeutlicht die prominente Rolle, die dem Unterwegs-Sein in Religionen zukommt, den »Geschehenscharakter« von Religionen: »Religionen sind nichts Statisches, schon gar nicht statische Denksysteme, sondern ein Dynamisches und von daher Bewegendes und auf dieselbe Weise auch in die Lebensbewegungen der Menschen Eingreifendes.« _____ Unterwegs ist also nicht nur das Individuum, das zur Bewältigung seines Lebensweges auf Orientierungshilfen zurückgreift, die es in einer Religion vorfindet. Unterwegs sind Religionen auch selbst. Sie sind dies einmal in einem übertragenen Sinne: Wie jede andere gesellschaftliche Institution sind auch Religionsgemeinschaften mit sozialen Veränderungen konfrontiert, die es den Mitgliedern unmöglich machen können, weiterhin ein Leben in der Tradition ihres Glaubens zu führen. So steht beispielsweise das Sakrament der Ehe in der katholischen Kirche in krassem Widerspruch zu der, zumindest hierzulande, allgemein beobachteten Auflösung der Familie. Ob den verschiedenen gesellschaftlichen Entwicklungen Tribut gezollt werden muss, ob Dogmen zugunsten einer größeren Lebensnähe gekappt werden sollen, ist innerhalb der christlichen Kirchen ein vieldiskutiertes Thema. Die Gemeinschaft der Alt-Katholiken hat hier ein Zeichen gesetzt, als sie erstmals die Ordination von Frauen ins Priesteramt zuließ. Auch in der Ausgestaltung der liturgischen Praxis spiegelt sich eine veränderte spirituelle Bedürfnislage wieder. Mit der Übernahme von Elementen aus der Psychopraktik, wie dem Bibliodrama, versuchen vor allem protestantische Gemeinden ihren Mitgliedern einen vielleicht zeitgemäßeren Weg zur Gotteserfahrung zu ebnen. Ihre Bemühungen sind ganz im Sinne Friedrich Schleiermachers: Der Theologe wandte sich bereits 1821 gegen die Vorstellung einer zeitlos geltenden Lehre und definierte dagegen die Aufgabe der Dogmatik als »Wissenschaft von dem Zusammenhange der in einer christlichen Kirchengesellschaft zu einer bestimmten Zeit geltenden Lehre.« _____ Unterwegs waren und sind Religionen aber auch innerhalb einer räumlichen Dimension. Sie können von Migrationsbewegungen getragen werden und verschmelzen an ihrem neuen Ort mit den dort vorbefindlichen Traditionen. Die afrobrasilianischen Kulte Candomblé und Macumba sind ein Beispiel dafür, in der Gestalt von Heiligen aus dem Katholizismus haben bis heute die *Orishás*, die mächtigen Geisterwesen, und mit ihnen die spirituellen Überlieferungen der Bakongo und der Yoruba überlebt, die zur Zeit des Sklavenhandels nach Lateinamerika gebracht worden waren. _____ Nicht zuletzt entstehen

❸

❹

039

Weltreligionen durch aktive Raumnahme oder dadurch, dass indigene Religionen einer anderen einverleibt werden. Dies muss nicht zwangsläufig zu deren Untergang führen. Abhängig vom missionarischen Geschick der jeweils expandierenden Religion werden alte Traditionen erhalten und als Basis verwendet, über die sich das Neue legen kann. Die Hinduisierung der *Kondh*, einer Lokalgruppe im indischen Bundesstaat Orissa, ist teilweise als eine solche, sozusagen »freundliche Übernahme« vonstatten gegangen. So berichtet die Ethnologin Wiebke Lobo, wie hier beispielsweise eine Dorfgottheit durch die Umgestaltung in die bedeutende Hindugöttin *Durga* an Macht gewinnen konnte. Das friedliche Nebeneinander von lokalen Gottheiten und Hindugöttern spiegelt sich auch in der traditionellen Fertigung von Gelbgussfiguren wieder, in der beide Überlieferungen ihren Platz gefunden haben. _____ Viele der religiösen Gegenstände, die in Museen zusammengetragen wurden, sind selbst auch »Mitbringsel« von Reisen – von Missionszügen oder Forschungsunternehmen. Somit legen sie auch Zeugnis davon ab, wie Religion Gegenstand wissenschaftlichen Interesses geworden ist. Nur dadurch, dass die Gegenstände ihrem kulturellem Zusammenhang entrissen, ihrer ursprünglichen heilsmächtigen Funktion entfremdet wurden, ist ihre Musealisierung möglich geworden. Jenseits ihrer religiösen Zweckbestimmtheit sind sie nun auch Objekte einer ästhetischen Anschauung. Damit ist im Säkularisierungsprozess eine Stufe erreicht, in der zweierlei geschieht: Erstens werden die einst im Ritual verankerten Gegenstände Projektionsflächen für das, was der – laienhafte – Betrachter ihnen an Heiligkeit zusprechen möchte. Dem abendländisch geprägten Menschen gerät dabei zum Maßstab für »Heiligkeit« gerne das, was ihm archaisch und primitiv erscheint – fragwürdige Kriterien für die ersehnte Ursprungsnähe. Wenn aber ästhetische Anschauung eines Gegenstandes an die Stelle religiöser Praxis treten kann, dann definiert das auch die Aufgabe des Künstlers neu, der nun, wie Schelling fordert, kraft seines Genies eine »neue Mythologie« gestalten kann. So hat der Künstler Klaus Heid den Mythos der »Khuza« aus 1995 in Sibirien zusammengetragenen Fundstücken erschaffen – Fremdheitserfahrung als ästhetische Form und Erbe einer musealisierten Religion.

❶ Peter Thomann/STERN, Thai-Tanzvorführung für Touristen, 1981 ❷ Margreth Blum, Kurt Blum in der Kunsthalle Bern, Südsee-Ausstellung 1952

zwischen indifferenz und individualisierung: religion in mittel- und westeuropa___ DETLEF POLLACK

Noch vor wenigen Jahrzehnten gaben die meisten Sozialwissenschaftler der Religion kaum eine Zukunftschance. In dem Maße, wie die Modernisierung der Gesellschaft, ihre Rationalisierung, Technisierung und Dynamisierung voranschreite, gehe der soziale Stellenwert von Religion zurück und werde Religion entbehrlich. So lautete die These von Philosophen, Soziologen und Historikern, die dabei die negativen Auswirkungen der Industrialisierung, der Anhebung des Lebensstandards, des Ausbaus des Sozialstaates und des Dienstleistungssektors sowie der Mobilisierung der Gesellschaft auf die Tradierungsfähigkeit religiöser Vorstellungen und Praktiken im Auge hatten. _____ Inzwischen glaubt kaum noch ein Sozialwissenschaftler an die Gültigkeit dieser unter dem Stichwort »Säkularisierung« bekannt gewordenen These. Das Erstarken neureligiöser Bewegungen, das Aufkommen von Psychokulten und New Age, die Wiederbelebung charismatischer, evangelikaler, pfingstlerischer und fundamentalistischer, insbesondere islamistischer Bewegungen, die religiöse Qualifizierung politischer Proteste oder auch die Aktualisierung von Formen der Volksfrömmigkeit hätten die Säkularisierungsthese, so der allgemeine Tenor, endgültig als Mythos entlarvt. Religion und Moderne schlössen sich nicht wechselseitig aus, sondern seien miteinander kompatibel. Ja, die moderne Gesellschaft trage religionsproduktive Potenzen in sich und bringe an ihren Bruchstellen, an denen die Grenzen der gesellschaftlichen Dynamisierung zutage träten, Religion selbst hervor. Die Religion verliere in der Moderne nicht an Bedeutung, sondern verwandle nur ihre Formen und sei heute auch an Stellen außerhalb der traditionellen christlichen Großkirchen anzutreffen: in der Orientierung an nichtchristlichen religiösen Traditionen, zum Beispiel ostasiatisch inspirierten Meditationskursen oder islamistischen Sekten, in Esoterikgruppen, in körperbetonten Psychokulten, in Therapie- und Selbsterfahrungsgruppen sowie in einem popularen Aberglauben. Implizit finde sich Religiosität auch in der Trivial- und Popkultur, in modernen Romanen und Filmen sowie in der Sexualität und im Familismus, weshalb Thomas Luckmann von einer »unsichtbaren Religion« spricht. Religiosität trage heute ein mehr pluralistisches, individualistisches und synkretistisches Gewand, weniger einen konventionell kirchlichen Charakter. Jeder mische sich selbst seinen religiösen Cocktail zusammen, der aus ganz unterschiedlichen religiösen Traditionen zusammengesetzt sei. _____ Worauf man auch immer verweist, wenn man das Wiedererstarken der Religion in der Moderne plausibilisieren will, die angeführten Religionsformen sind äußerst heterogen und disparat. Der Islam in Europa ist vor allem ein Produkt der europäischen Gastländer selbst. Gilles Kepel hat in seinen Untersuchungen über die islamischen Einwanderungsgruppen den komplexen Mechanismus von Nachahmung und Abgrenzung gegenüber den europäischen Gesellschaften herausgearbeitet. In einer Situation des Zwiespalts zwischen Aufnahme und Ausgrenzung diene die Religion der Rechtfertigung von Differenz und verwandle zurückhaltende Gast-

041

arbeiter in leidenschaftliche Gläubige. Charismatische und evangelikale Gruppierungen entstehen vor allem aufgrund der Reibung mit den christlichen Großkirchen. Ihnen werfen die charismatischen und evangelikalen Kreise vor, dass sie sich an den Zeitgeist anpassen und vor dem Pluralismus, Relativismus, Liberalismus und Materialismus der Moderne kapitulieren würden. Notwendig sei eine Rückbesinnung auf die Grundaussagen der Bibel und auf verbindlich gelebte Gemeinschaft. Volksfrömmigkeitliche Formen der Religion wiederum stellen eine Art Unterstrom der modernen Religions- und Geistesgeschichte dar, der sich gegenüber Aufklärung und Vernunft als merkwürdig resistent erweist. Sie sind vor allem magisch geprägt und reagieren damit auf die letztendliche Unverfügbarkeit und Unsicherheit des alltäglichen Lebens. Neureligiöse Bewegungen wie New Age, Psychokulte oder Esoterik hingegen legen großen Wert auf die Unmittelbarkeit individueller religiöser Erfahrungen. Sie geben einen Weg an, auf dem das Transzendente, das Unzugängliche zugänglich, kommunikabel und erlebbar gemacht werden kann, und bieten leicht erlernbare, stark vereinfachte Selbst- und Weltdeutungen an, in deren Weitergabe jedermann schnell zum Experten zu werden vermag. Demgegenüber sind sich religiös artikulierende politische Protestbewegungen, etwa Teile der Friedens- oder der Umweltbewegung, emotional aufgeladene Reaktionen auf die prekären Folgen hemmungsloser Modernisierung, die zur Umkehr und zur Abkehr von der Logik des modernen Steigerungsdenkens aufrufen. _____ All diese Formen zeitgenössischer Religiosität zeigen, wie vielfältig das Gesicht der Religion unter den Bedingungen der Moderne ist. Sie kommen darin überein – und deswegen werden sie von den Kritikern der Säkularisierungsthese wohl auch in einem Atemzuge genannt – dass sie Abweichungen von der christlichen Tradition darstellen und in einer Alternativstellung zu den christlichen Großkirchen stehen. Das heißt, die Kritiker der Säkularisierungsthese arbeiten mit der Unterscheidung zwischen Religion und Kirche und räumen die Positionsverluste der christlichen Kirchen ein, um umso unbekümmerter einen Aufschwung an Formen außerkirchlicher Religiosität behaupten zu können. Die Kirchen leeren sich, aber Religion boomt – das ist die Tendenz vieler Berichte in den Medien. _____ Doch wie bedeutsam sind jene angesprochenen Religionsformen außerhalb und jenseits der Kirchen, wenn man sie mit der Religionsausübung in den Kirchen vergleicht? Genaue Angaben zu finden, ist angesichts der Tatsache, dass sich die hier angeführten Phänomene teilweise kaum klar abgrenzen lassen, äußerst schwierig. Die Zahl der muslimischen Immigranten nimmt in den europäischen Ländern seit Jahren zu. In Deutschland leben derzeit etwa 2,2 Millionen Anhänger des Islam, in Frankreich etwa 3 bis 4 Millionen. Die letzte Volkszählung weist für Deutschland, auf das wir hier beispielhaft etwas ausführlicher eingehen wollen, eine Zahl von 48 000 deutschen Muslimen auf. Dabei handelt es sich mehrheitlich um eingebürgerte Migranten. Die Zahl der Konversionen Deutscher zum Islam ist demgegenüber klein. 1997 gaben in einer repräsentativen Befragung 1,8 Prozent der (West-)Deutschen an, dass sie sich der islamischen Religion nahe fühlten. Nähe zum Christentum bekundeten dagegen 68,3 Prozent. Auch die Zahl derer, die sich anderen Religionen nahe fühlten, war gering. Zum Buddhismus fühlten sich 1,7, zum Hinduismus 0,4 Prozent der westdeutschen Bevölkerung hingezogen. _____ Deutlich größer ist der Anteil derer, die sich popularen Religionsformen verbunden fühlen. An Wunderheiler, Glücksbringer, Wahrsager oder den Einfluss der Sterne auf unser Leben glauben immerhin etwa 30 Prozent der deutschen Bevölkerung. Der Existenz Gottes als einer Zentralaussage des Christentums stimmen allerdings etwa 60 Prozent der (West-)Deutschen zu. Nur 10 Prozent lehnen den

Glauben an Gott in jeder Form ab. In anderen mittel- und westeuropäischen Ländern liegt die Bejahung des Gottesglauben ähnlich hoch. Ausnahmen bilden hier nur Ostdeutschland und Tschechien, wo der Anteil der Gottgläubigen infolge des religionsfeindlichen Einflusses des Staatssozialismus wesentlich niedriger ist. ——— Betrachten wir schließlich in diesem Zusammenhang die Verbreitung neuer religiöser Bewegungen, so ist die Diskrepanz zur gesellschaftlichen Stellung der Großkirchen besonders auffällig. Zur evangelischen oder katholischen Kirche gehören in (West-) Deutschland über 80 Prozent der Bevölkerung, in Frankreich mehr als 60 Prozent, in Italien fast 90 Prozent und in den entkirchlichten Niederlanden immerhin auch noch über 50 Prozent. Zu einer der neuen religiösen Bewegungen zählen sich hingegen in Deutschland, für das wir genaue Zahlen besitzen, nicht mehr als 0,5 Prozent, und weitere 0,7 Prozent bezeichnen sich als Sympathisanten. Zwar hat das Interesse an New Age, Meditation, Astrologie, an Hellsehen und Telepathie, Seelenwanderung und Esoterik in den letzten Jahren deutlich zugenommen. Die Zuwendung zu neuen religiösen Gemeinschaften kompensiert jedoch keineswegs die Positionsverluste der traditionellen Religionsformen. In den neunziger Jahren verlor die evangelische Kirche in Westdeutschland durch Kirchenaustritte mehr als zwei Millionen Mitglieder und die katholische mehr als eine Million. Die Zahl der Mitglieder in den neuen religiösen Bewegungen beläuft sich indes auf kaum mehr als 250 000, wobei in diese Zahl aufgrund befragungstechnischer Probleme partiell auch Mitglieder der Neuapostolischen Kirche und der Zeugen Jehovas eingegangen sind. Wahrscheinlich macht die Zahl der Mitglieder in den neuen religiösen Bewegungen noch nicht einmal 5 Prozent des Bestandes aus, den die Kirchen in den letzten zehn Jahren verloren. Die außerkirchlichen Formen von Religion haben an Attraktivität gewonnen. Zweifellos. Aber die christlichen Kirchen sind nach wie vor die wichtigsten Repräsentanten des Religiösen in den modernen Gesellschaften Europas. Die außerkirchlichen Aufbrüche können die Verluste der Kirchen nicht ausgleichen. Wenn die Kirchen so massiv an Bedeutung einbüßen, wie das gegenwärtig der Fall ist, dann ist damit Religion also schlechthin betroffen. Wer die Kirche verlässt, das zeigen Befragungen, schätzt sich in der weitaus überwiegenden Zahl der Fälle auch nicht mehr als religiös ein. Nur eine Minderheit von etwa 10 Prozent behauptet von sich, um einer anderen religiösen Überzeugung willen aus der Kirche ausgetreten zu sein. Weitaus mehr geben an, dass sie aus der Kirche ausgetreten seien, weil sie in ihrem Leben keine Religion brauchen oder weil sie mit dem Glauben nichts mehr anfangen können. ——— Für die Mehrheit der Kirchenmitglieder sind die religiösen Angebote ihrer Kirche allerdings nicht so attraktiv, dass sie sie auch wahrnehmen. Die meisten Kirchenmitglieder erwarten von der Kirche, dass sie Gottesdienste durchführt, Raum für Stille und Gebet bietet und dass sie sich für die Armen, Kranken und Schwachen in der Gesellschaft einsetzt. Am kirchlichen Leben beteiligen wollen sie sich jedoch nicht. Ihre Kirchenzugehörigkeit stellt für sie mehr eine Art Lebenshintergrund dar, den man ab und an – in Situationen der persönlichen Krise oder auch bei Lebenswenden, bei Geburt oder Tod naher Verwandter – reaktualisiert, der aber ansonsten ausgeblendet bleibt. Die meisten Kirchenmitglieder praktizieren eine lebenszyklische Frömmigkeit, die stark in den Gang der eigenen Familiengeschichte eingebettet ist und vor allem über die eigene Familie vermittelt wird. Selbstverständlich ist der Anteil der aktiven Gemeindeglieder in der katholischen Kirche höher als in den evangelischen Kirchen. Katholiken besuchen öfter den Gottesdienst, glauben im Durchschnitt häufiger an Gott und stimmen auch sonst den Lehren der Kirche mehr zu als Protestanten. Aber auch für die Katholiken gilt,

❶ 5/208 Zauberfigur aus der Region Loango/Kongo Staatliche Museen zu Berlin, Ethnologisches Museum
❷ 5/69 Pergamentbild der Amhara *Christus trägt eine große Dornenkrone und zeigt die Wundmale in seinen erhobenen Händen. Er ist in einen dunkelgrünen, von einer gelben Kordel zusammengehaltenen Umhang gehüllt; jedes Kordelende ist mit einem kleinen Stern verziert.* Linden-Museum Stuttgart
❸ *Pfarrer Jürgen Leng von der Freien Evangelischen Kirche in Hamburg-City: Übertragung eines Spiels anlässlich der Fußball-Europameisterschaften 1996 in der Kirche. Foto: Freie Evangelische Kirche Hamburg.*

dass bei aller Verbundenheit mit der Kirche die Bereitschaft zur Partizipation gering ist. ____ Der konventionelle Charakter von Kirchenmitgliedschaft in Deutschland und in den meisten anderen mitteleuropäischen Ländern sollte jedoch nicht dazu verleiten anzunehmen, dass dort, wo sich die Menschen ihre Religiosität selbst zusammenbasteln, der Anteil der Hochentschiedenen und Engagierten größer ist. Im Gegenteil. Der religiöse Synkretismus beginnt innerhalb der Kirchen, und er ist bei Kirchenmitgliedern mit einem mittleren kirchlichen Verbundenheitsgrad am ausgeprägtesten. Religiöser Synkretismus ist nicht vor allem Ausdruck eines weit fortgeschrittenen Individualismus, sondern in erster Linie Folge individueller Unentschiedenheit. Die religiösen Alternativen zum Christentum auf dem pluralen Weltanschauungsmarkt sind inzwischen selber konventionell geworden. Wenn der Einzelne sie akzeptiert, dann greift er häufig nur auf das Naheliegendste zurück, das er an jedem Kiosk an der Straßenecke haben kann. Über seine Wahl nachdenken muss er nicht. ____ Die weitverbreitete Unbestimmtheit im Verhältnis zu Religion und Kirche steht in einem auffälligen Entsprechungsverhältnis zu der Tatsache, dass viele in Deutschland, aber auch in anderen europäischen Ländern Religion und Kirche als denjenigen Lebensbereich ansehen, dem sie in ihrem Leben die geringste Bedeutung beimessen. Im Vordergrund der alltäglichen Orientierung stehen Familie, Freunde, Beruf und Freizeit, nicht aber Religion und Kirche. Die moderne Gesellschaft übt auf den einzelnen in religiösen Fragen keinen Entscheidungszwang aus. Wenn es darum geht, wen man heiratet oder ob man überhaupt heiratet, wie man lebt, welchen Beruf man ergreift oder was man kauft, muss man sich entscheiden. Die Gesellschaft nötigt einen dazu. Die religiöse Frage dagegen kann offen bleiben. Wie man sich zu ihr verhält und ob man sich überhaupt mit ihr beschäftigt, hat keinen oder so gut wie keinen Einfluß auf den Zugang zu anderen Lebensbereichen. Im Gegensatz zu der geläufigen These Peter L. Bergers geht von der modernen Gesellschaft angesichts der warenhausähnlichen Pluralisierung der religiösen Angebote gerade kein Entscheidungszwang aus. ____ Die Indifferenz eines Großteils der Mitteleuropäer gegenüber Religion und Kirche interpretieren viele Sozialwissenschaftler als ein Erbe des Staatskirchentums in Europa. Wo die Kirchen eine weltanschauliche Monopolstellung innehaben, verlieren die Volksmassen den Bezug zu den Inhalten des Glaubens und nehmen sie die Kirche nicht als eine Organisation wahr, die ihre Interessen vertritt, sondern als eine Herrschaftsinstitution. Die enge Verquickung von Staat und Kirche über Jahrhunderte hinweg, die die Machtstellung der Kirchen im Abendland begründete, hatte nach dieser These insofern letztendlich kontraproduktive Folgen. In Europa seien Religion und Kirche längst nicht so stark gesellschaftlich akzeptiert wie in den Vereinigten Staaten, wo der Grundsatz der Trennung von Staat und Kirche von Anfang an befolgt wurde. Die Trennung von Staat und Kirche entziehe den großen Religionsgemeinschaften die staatlichen, rechtlichen und finanziellen Privilegien und zwinge sie, sich auf ihre eigenen Füße zu stellen, und gleichzeitig motiviere sie die kleineren Religionsgemeinschaften, den Wettbewerb mit den großen aufzunehmen. Konkurrenz auf dem religiösen Markt muss dieser Lesart zufolge also nicht zu weltanschaulichem Relativismus und religiöser Indifferenz führen, sondern kann das religiöse Unternehmertum anspornen und die Vitalität der Glaubensgemeinschaften erhöhen. Gewiss können zur Erklärung des höheren Grades an Religiosität und Kirchlichkeit in den USA auch noch andere Faktoren als die schärfere Trennung zwischen Staat und Kirche herangezogen werden, etwa die Rolle der Religionsgemeinschaften als soziale Integrationsinstanz im Prozess der Besiedlung Amerikas oder die Funktion der Religionsgemeinschaften als Ausgleich für ein schwach entwickeltes Sozialsystem oder ihre Bedeutung als Sozialisationsmilieus für den sozialen Aufstieg. Für uns interessant ist jedoch, dass die sozialen und religiösen Verhältnisse in den USA anschaulich demonstrieren, dass sich ein intensives religiöses Leben und eine weit vorangeschrittene Modernität nicht wechselseitig ausschließen müssen, sondern vereinbar sind. _____ In den meisten Regionen Europas, insbesondere in den technologisch hoch entwickelten Ländern Mitteleuropas ist hohes religiöses Engagement freilich eher die Angelegenheit von Minderheitsgruppen. Wir treffen es an in einigen fundamentalistischen und charismatischen Bewegungen, in einigen neureligiösen Gruppen, aber auch bei den Kirchentreuen innerhalb der großen Kirchen. Die Halbdistanz der Mehrheit der Kirchenmitglieder gegenüber Fragen des Glaubens und der Religion schließt Entschiedenheit und Aktivität bei Konfessionsangehörigen nicht generell aus. Prozesse der religiösen Individualisierung vollziehen sich durchaus auch innerhalb der Kirche. Wer jeden Sonntag zum Gottesdienst geht – und dies sind in Deutschland immerhin etwa 10 Prozent der Bevölkerung –, tut das wohl nicht nur aus Gründen der Routine, sondern möglicherweise auch, weil das christliche Ritual ihm etwas zu geben vermag. _____ Religion kann unter den Bedingungen moderner Gesellschaften unterschiedliche Funktionen erfüllen. Sie kann angesichts der Anonymität des menschlichen Zusammenlebens Gemeinschaft und Verbindlichkeit stiften, sie kann angesichts der Unübersichtlichkeit der gesellschaftlichen Verhältnisse die offenen Welthorizonte schließen und dadurch Orientierung und Sicherheit bieten. Ebenso aber kann sie angesichts der Erfahrung der Abhängigkeit von äußeren Umständen Möglichkeiten der Bewußtseinserweiterung, der Erlebnissteigerung und Ich-Entgrenzung bereitstellen. Religion hat es mit dem Problem der Unkontrollierbarkeit der Welt zu tun, und sie kann auf dieses Problem ganz unterschiedlich reagieren: durch das Angebot von Sicherheit bietenden Normen, Lehren und Ritualen, durch den Versuch der Überwindung aller Kontrollen und die Vermittlung einer ins Unendliche ausgreifenden individuellen Freiheit oder durch den Anspruch, die bedrohten Bestände der eigenen Tradition zur Grundlage zukünftiger Gesellschaftsgestaltung zu machen und an die Stelle der sozialen Fremdkontrolle die religiöse Eigenkontrolle über die Gesellschaft zu stellen, wie uns dies einige fundamentalistische Gruppierungen vorführen. Welchen Weg eine religiöse Gemeinschaft einschlägt, hängt nicht nur von ihren Lehren und Ideen ab, sondern auch vom

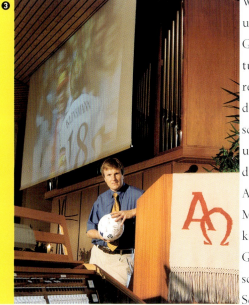

Wandel der gesellschaftlichen Bedingungen, unter denen sie sich entwickelt. Die modernen Gesellschaften halten für die Kontrolle von Natur und Gesellschaft mehr Instrumentarien bereit als jede Gesellschaft vor ihnen. Der Bereich des Kontrollierbaren hat sich durch Wissenschaft, Technik, Industrie, Militär, Bürokratie und Recht enorm ausgedehnt. Das verändert die Anknüpfungsmöglichkeiten für religiöse Antworten und Sinnentwürfe beträchtlich. Die Möglichkeiten zur Beherrschung der Wirklichkeit sind in verschiedenen gesellschaftlichen Gruppen, Schichten und Klassen jedoch unterschiedlich verteilt. Und es scheint prinzipielle Schranken des Machbaren zu geben. In der modernen Welt werden daher die Gelegenheiten zur Formulierung religiöser Sinnangebote nicht verloren gehen. Sie werden sich aber diversifizieren. Sieht man die Funktion der Religion in ihrem Umgang mit dem Problem der Unkontrollierbarkeit der Welt, dann werden Prozesse der Desakralisierung in der auf Steigerung der Verfügbarkeitsräume bedachten, an Grenzen der Steigerbarkeit geratenden und die Möglichkeiten der Verfügbarkeit ungleich verteilenden modernen Gesellschaft ebenso verständlich wie Prozesse der Resakralisierung. Zugleich wird man das Schicksal der Religionen in den modernen Gesellschaften jedoch nicht allein aus der Abhängigkeit von den äußeren Umständen, unter denen sie sich entwickeln, interpretieren dürfen. Vielmehr eignet den Religionen, wie sich gerade gegenwärtig an vielen Orten der Welt zeigt, eine aus dem Wechselspiel von Überschreitung und Einschränkung der immanenten Horizonte resultierende Eigendynamik, die gesellschaftlich niemals voll zu kontrollieren ist. Das Problem, das Religionen bearbeiten, werfen sie daher auch selber auf.

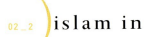

02_2)islam in
deutschland – deutscher islam___ PETER HEINE

In Hamburg-Lohbrügge will der Pastor der Auferstehungsgemeinde seine Kirche verkaufen, in Berlin-Tempelhof plant DITIB, die staatlich gelenkte türkische islamische Organisation in Deutschland, den Bau einer Zentralmoschee. Das Christentum auf dem absteigenden Ast? Der Islam kommt? Manchem Zeitgenossen, auch unter hochrangigen Vertretern der großen christlichen Kirchen mag das so scheinen. Wie so oft, ist die Angelegenheit sehr viel komplizierter. In Berlin gehören 54 Prozent der Bevölkerung keiner Religionsgemeinschaft an. Die Tendenz ist steigend. Das gilt nicht nur für den christlichen, sondern auch für den islamischen Bereich. Die eigentliche Herausforderung der großen Glaubensgemeinschaften ist also vielmehr die Indifferenz, die Säkularisierung als eine konkurrierende religiöse Gruppierung. ___ Muslime leben seit mehr als zweihundert Jahren in Deutschland. Bis in die Mitte der sechziger Jahre des 20. Jahrhunderts handelte es sich aber nur um wenige hundert Gläubige, politische Exilanten, Studenten und Geschäftsleute. Nachdem das freie Arbeitskräftepotenzial Italiens und der iberischen Halbinsel, Griechenlands und Jugoslawiens von der deutschen Wirtschaft ausgeschöpft war, wurden vor etwa vierzig Jahren Arbeitskräfte in der Türkei angeworben. Sie wurden vornehmlich für einfache manuelle Tätigkeiten gebraucht. Deutschland war für diese vornehmlich aus dem ländlichen Milieu stammenden Menschen ein Land, von dem sie sich eine Verbesserung ihrer wirtschaftlichen Lage erhofften. Die anwerbenden Wirtschaftsunternehmen gingen von einem engen zeitlichen Rahmen des Engagements dieser Mitarbeiter aus. Auch die überwiegende Mehrheit der ›Gastarbeiter‹ erwartete, dass sie nach einer absehbaren Zeit in ihre Heimat zurückkehren und sich von dem erarbeiteten Geld dort eine sichere Existenz aufbauen würden. Ihr Interesse an der deutschen Gesellschaft war nur wenig ausgeprägt. »Ich bin hier, um zu arbeiten und nicht um Deutsch zu lernen«, antwortete 1970 ein türkischer Arbeitsmigrant im westfälischen Münster auf die Frage, wie es mit seinen Deutschkenntnissen bestellt sei. Der

❶ 5/92 *Illustration aus einer Prophetenbiografie: Mohammed im Gespräch mit dem Propheten Moses und dem Erzengel Gabriel.* Staatliche Museen zu Berlin, Museum für Islamische Kunst

❷ 5/85 **Indische Koran-Handschrift** *Grundsätzlich sind Koranhandschriften bzw. moderne gedruckte Ausgaben ohne Abbildungen: der Islam ist eine Religion ohne Bilderverehrung. Dafür wird großer Wert auf ästhetisch ansprechende, kunstvolle Schrift und bilderlose Ausschmückung der einzelnen Seiten gelegt.* Linden-Museum Stuttgart

❸ 5/97 **Gebete und Litaneien zum Lobe des Propheten des Al Gazuli aus dem 15. Jh.** *Darstellung der in den Heiligen Städten Mekka und Medina befindlichen Wallfahrtsorte und Heiligtümer, deutlich erkennbar ist der schwarze Stein der Kaaba.* Frankfurt am Main, Museum für Kunsthandwerk

②

Nachzug von Familienmitgliedern, die Entstehung einer Infrastruktur von türkischen Geschäften des täglichen Bedarfs, von türkischen Banken oder Reisebüros ließ dieses Interesse nicht unbedingt wachsen. Die Vorstellung von der Rückkehr in die Heimat erwies sich als schöner Traum. »Dass wir auf Dauer hier sind, ist uns erst seit etwa zehn Jahren wirklich bewusst«, erklärte ein Sprecher des Verbandes der islamischen Kulturzentren 1998 in Köln. Der deutschen Öffentlichkeit war dagegen überhaupt nicht klar, dass die neue Gruppe von Arbeitsmigranten aus einem anderen Kulturkreis stammte. Ihr war ja auch nicht aufgefallen, dass zumindest ein Teil der jugoslawischen ›Gastarbeiter‹ ebenfalls Muslime waren. Verschiedene wissenschaftliche Disziplinen, Pädagogen, Soziologen oder Politologen beschäftigten sich mit der Gruppe der Arbeitsmigranten. Sie betrachteten sie aber vornehmlich als nationale Gruppen, kaum als Mitglieder großer religiöser Gemeinschaften. Inzwischen wird die Zahl der in Deutschland lebenden Muslime auf 2,7 bis 3 Millionen Menschen geschätzt. Etwa 250 000 Muslime besitzen die deutsche Staatsangehörigkeit. _____ Es dauerte geraume Zeit, ehe allgemein bewusst wurde, dass die Migranten Träger fremder religiöser Vorstellungen waren. Es kam in den Medien zu kritischen Berichten über deren rituelle Praktiken. Es sei nur an die Auseinandersetzungen um die Koranschulen in den späten siebziger Jahren oder an das rituelle Schlachten erinnert. Religiöse Gruppen, die in den Herkunftsländern verboten waren, nutzten die Glaubens- und Bekenntnisfreiheit des deutschen Grundgesetzes, um den Migranten ihre Sicht des Islams zu vermitteln. _____ Aber nicht nur Menschen aus der Türkei, die

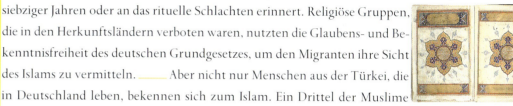

②

in Deutschland leben, bekennen sich zum Islam. Ein Drittel der Muslime stammen aus anderen islamischen Ländern, vor allem aus dem Nahen und Mittleren Osten, vom Balkan und vom indischen Subkontinent. Für alle Muslime gilt, dass sie zudem aus verschiedenen ethnischen Gruppen stammen. Muslime aus der Türkei können Türken oder Kurden sein, solche aus Marokko Araber oder Berber. In ihrer Mehrheit gehörden sie der sunnitischen Mehrheit im Islam an. In Deutschland leben aber auch Angehörige islamischer Sonderformen; dabei spielt die Gemeinschaft der Aleviten zahlenmäßig eine besondere Rolle. Mit anderen Worten: die Muslime in Deutschland unterscheiden sich – abgesehen von sozialen Aspekten – auch unter nationalen, ethnischen und religiösen Gesichtspunkten voneinander. Diese jeweiligen religiösen Besonderheiten innerhalb des sunnitischen Islams haben sie aus ihrer Heimat mitgebracht. In ihren Herkunftsländern lebten sie in einem allgemein akzeptierten religiösen Kontext. Unterschiede in religiösen Fragen oder rituelle Praktiken wurden in einem von allen zur Kenntnis genommenen relativ schmalen Spielraum diskutiert. Die existierenden größeren Unterschiede z. B. zwischen religiösen Praktiken in Marokko und Bangladesh bleiben dagegen unbekannt. Erst in Deutschland wird Muslimen nach und nach bewusst, dass sich auch im sunnitischen Islam manche lokalen, regionalen und nationalen Sonderformen finden. _____ Es lag nahe, dass sich die nach Deutschland gekommenen Muslime zunächst unter nationalen Gesichtspunkten organisierten. Die in ihren Herkunftsländern vorhandenen religiösen Organisationsstrukturen konnten auf die Situation in Deutschland nicht angewendet werden. Die muslimischen Gruppen waren vielmehr gezwungen, sich als ›eingetragener Verein‹ zu organisieren und sich die Gemeinnützigkeit bestätigen zu lassen. Damit wurde für sie deutsches Vereinsrecht verbindlich. Dies brachte zunächst ein hohes Maß an Fragmentierung mit sich. Denn den muslimischen Vereinen war es angesichts der nur gering ausgebildeten hierarchischen Strukturen des sunnitischen Islams zunächst nur unter Schwierigkeiten möglich, die

③

②

durch das Vereinsgesetz geforderten mit Autorität bekleideten Institutionen, Vereinsvorsitz, finanziell Verantwortliche etc. zu akzeptieren. Es kam daher häufig zu Spaltungen. Inzwischen haben sich hier Verfestigungen der Strukturen dadurch ergeben, dass Organisationen, die in einigen Fällen aus ihrerseits hierarchisch strukturierten islamischen Ordensgemeinschaften hervorgegangen sind, einen Teil dieser Vereine kontrollieren. Großen Einfluss hat auch die staatliche türkische Dachorganisation DITIB, die über eine entsprechende Autorität verfügt. Dennoch bleibt immer noch ein beträchtliches Maß an Aufsplitterung erhalten. Dies wird nicht zuletzt durch die Tatsache erhellt, dass die Muslime in Deutschland durch drei verschiedene, sich oft bekämpfende Dachverbände repräsentiert werden: die schon genannte staatliche türkische Organisation DITIB, den Islamrat für die Bundesrepublik Deutschland und den Zentralrat der Muslime in Deutschland. Dies führt vor allem dann zu Problemen, wenn Muslime die Gleichbehandlung ihrer Religion durch den Staat im Vergleich zu den anderen großen Glaubensgemeinschaften einfordern. Bei diesen Forderungen handelt es sich vor allem um die grundsätzliche Frage der Anerkennung der muslimischen Gemeinschaft in Deutschland als Körperschaft des öffentlichen Rechts. Ohne Zweifel erfüllt der Islam zwei der drei Kriterien, die für die Anerkennung als Körperschaft des öffentlichen Rechts gefordert werden. Die Zahl der Muslime ist ausreichend groß, und man kann davon ausgehen, dass der Islam auf absehbare Zeit in Deutschland existieren wird. Gefordert wird allerdings auch eine deutlich erkennbare Repräsentanz der Religionsgemeinschaft gegenüber der Öffentlichkeit und den Behörden. Kaum hat aber eine der Organisationen auf der Ebene eines Bundeslandes einen entsprechenden Antrag gestellt, erklärt auch schon eine Konkurrenzorganisation, dass die Antragstellerin nicht berechtigt ist, für die Gesamtheit der in Deutschland lebenden Muslime zu sprechen. Dies reicht den zuständigen Behörden als Grund aus, um den Antrag abschlägig zu bescheiden. Inzwischen hat sich unter den Muslimen daher eine Gruppe entwickelt, die die Frage der Anerkennung als Körperschaft des öffentlichen Rechts für den Islam in Deutschland für unerheblich hält und es bei dem bisherigen Zustand belassen will. ———— Seit den Muslimen aber bewusst ist, dass sie als Gruppe auf Dauer in Deutschland existieren werden, werden sie in der Öffentlichkeit sichtbarer. Damit nimmt auch die Zahl der Konflikte zu. Viele können nur auf einer Ebene behandelt und hoffentlich gelöst werden, die eine verbindliche Repräsentanz der Muslime gegenüber den deutschen Kultusverwaltungen verlangt. Insofern müsste es im Interesse der Muslime wie der deutschen Verwaltungen liegen, eine entsprechende Vertretung zu etablieren. Dies Offenkundige mag anhand der folgenden Beispiele dokumentiert werden. ———— Es bestehen zwei große problematische Themenkomplexe, die das praktische religiöse und rituelle Leben von Muslimen in Deutschland bestimmen: Der islamische Religionsunterricht und die Bestattung von Muslimen auf deutschen Friedhöfen. Bei letzterem ergibt sich nach der Auffassung der Mehrzahl der in Deutschland lebenden Muslime der folgende Unterschied zu den deutschen Regelungen: Muslime sollen binnen 24 Stunden nach dem Tod bestattet, ihr Körper ohne Sarg, nur in ein Leichentuch gehüllt, der Erde übergeben werden. Der Leichnam solle so gebettet werden, dass er mit dem Gesicht nach Mekka weist. Die Totenruhe und Unversehrtheit des Grabes muss bis zum Tag des Jüngsten Gerichts gewahrt bleiben. Für die deutsche wie für die muslimische Seite bestand in den siebziger und achtziger Jahren zunächst das Problem darin, dass die Zahl der in Deutschland verstorbenen Muslime nur gering war. Es handelte sich vor allem um Opfer von Unfällen. Oft waren sie ohne verwandtschaftliche Beziehun-

4 Aussenansichten von Berliner Moscheen, *aus: Gerdien Jonker und Andreas Kapphan (Hrsg.) Moscheen und islamisches Leben in Berlin, Berlin 1999*

gen in Deutschland oder stammten aus säkularisierten Familien. Weder die Angehörigen der Toten noch die Friedhofsverwaltungen sahen besondere Probleme in der Bestattung dieser Verstorbenen. In manchen Fällen legten die Angehörigen auch Wert darauf, dass die Toten in ihre Heimat überführt wurden. Diese Praxis wurde seit den achtziger Jahren immer häufiger durchgeführt. Dass damit die Regel der schnellen Bestattung nicht beachtet wurde, nahm man billigend in Kauf. Die entsprechenden Dispens-Regelungen des islamischen Rechts waren offenbar allgemein bekannt. Das Motiv für die Überführungen lag sicherlich auch in der Erwartung begründet, dass die in der Heimat verbliebenen Familienangehörigen sich um die Grabstätten kümmern würden. Inzwischen haben sich jedoch die Beziehungen in die Herkunftsregionen dergestalt verringert, dass die zweite oder dritte Generation der Migranten die Heimat ihrer Großeltern kaum noch anders denn als Urlaubsorte kennt. Der größere Teil der Familien lebt inzwischen in Deutschland. Der Bedarf nach Begräbnisstätten für Muslime hat sich daher inzwischen entsprechend gesteigert. Ein Teil der in diesem Zusammenhang entstehenden Probleme hat sich lösen lassen. Auf zahlreichen kommunalen Friedhöfen sind ohne größere verwaltungstechnische Umstände Gräberfelder angelegt worden, die von ihrer Ausrichtung her den islamischen Vorschriften entsprechen. Problematischer gestaltete sich die Frage der Bestattung ohne Sarg. Auf einer Reihe von kommunalen Friedhöfen ist man zu der zwischen den islamischen Gemeinden und den Friedhofsverwaltungen einvernehmlichen Regelung gekommen, die Toten im Sarg der Erde zu übergeben, der allerdings teilweise mit Erde gefüllt ist, sodass der Leichnam direkt mit dieser Kontakt hat. Problematisch ist weiterhin die Frage nach der Totenruhe. Bekanntlich werden Grabstellen auf deutschen Friedhöfen nach zehn bis zwanzig Jahren neu belegt. Muslime erwarten dagegen oft, dass die Gräber ihrer Angehörigen ›bis zum Jüngsten Tag‹ unberührt bleiben. Das Problem tauchte in der Regel erst dann auf, wenn die entsprechenden Gräber eingeebnet wurden, ohne dass die Angehörigen davon erfuhren. Die Bestürzung, Empörung und die öffentlichen Reaktionen waren dann oft dramatisch. Hier wäre eine Gelegenheit, bei der ein einheitlicher islamischer Dachverband in Deutschland seiner Funktion und seinem Selbstverständnis entsprechen könnte. In einer Reihe von Ländern mit einer traditionellen islamischen Bevölkerung wird die Frage nach der Dauer der Grabesruhe weniger streng gesehen. Unter Bezugnahme auf diese Praxis wäre es also einem Dachverband möglich, Regelungen zu propagieren, die zwischen den deutschen Bestattungsvorschriften und den Erwartungen der muslimischen Hinterbliebenen vermitteln. _____ Noch komplizierter gestaltet sich das Problem des islamischen Religionsunterrichts für muslimische Kinder in Deutschland. Es ist unter Juristen mehr oder weniger unumstritten, dass auch muslimische Kinder unter Berufung auf Artikel 7 des Grundgesetzes einen Anspruch auf religiöse Unterweisung im Rahmen des allgemeinen staatlichen Schulunterrichts haben. Schwierig wird die Erfüllung dieses Anspruchs durch die Kulturhoheit der Länder. In verschiedenen Bundesländern wird hier unterschiedlich vorgegangen. Im Freistaat Bayern z. B. wird innerhalb des sogenannten muttersprachlichen Unterrichts auch Religionsunterricht erteilt. In diesen Genuss kommen allerdings nur türkisch-sprachige Kinder, da ensprechende Regelungen nur zwischen Bayern und der Türkischen Republik geschlossen worden sind. Das bedeutet, dass nur etwa die Hälfte der muslimischen Kinder in Bayern in ihrer Religion unterwiesen werden. In Nordrhein-Westfalen wird in einigen Schulen versuchsweise islamischer Religionsunterricht nach einem von deutschen und muslimischen Religionspädagogen entwickelten Curriculum durchgeführt. Das zugrunde liegende Unterrichtswerk ist türkisch und deutsch. Allerdings kritisieren einige islamische Verbände und Einzelpersonen das Unterrichtswerk als ›fundamentalistisch‹. Der Unterricht sollte in deutscher Sprache erfolgen. In Berlin wird an einer staatlich anerkannten muslimischen Privatschule Religionsunterricht in deutscher Sprache erteilt. Der Versuch der ›Islamischen Föderation‹, das Recht, Religionsunterricht an öffentlichen Schulen in Berlin durchzuführen, auf gerichtlichem Wege zu erstreiten, ist noch nicht abgeschlossen. In Nordrhein-Westfalen versuchen einzelne muslimische Eltern, durch einstweilige Anordnungen ihren Kindern den islamischen Religionsunterricht zu erstreiten. Neben praktischen Fragen, wie dem Fehlen einer entsprechenden Anzahl von deutsch-sprechenden muslimischen Religionspädagogen, den entsprechenden, von allen Muslimen akzeptierten deutschen Lehrbüchern etc. konnten die beklagten Schulverwaltungen immer wieder darauf hinweisen, dass die Antragsteller nicht für die Mehrheit der muslimischen Bevölkerung sprechen konnten.

Die Reaktionen der islamischen Dachverbände auf diese Einschätzungen weisen gegenwärtig ein gewisses Maß an Flexibilität auf. Während sich der Islamrat für die Bundesrepublik Deutschland und der Zentralrat der Muslime in Deutschland bisher kritisch gegenüberstanden und zumindest einzelne Sprecher der beiden Organisation die andere Gruppierung öffentlich kritisierten, haben sich die beiden Gruppen z.B. in Nordrhein-Westfalen zusammengefunden, eine gemeinsame inhaltliche Position für den Religionsunterricht erarbeitet und bemühen sich nun, ihr Ziel gemeinsam zu erreichen. Sie akzeptieren offenbar auch Deutsch als Unterrichtssprache und die Kontrolle des Unterrichts durch die Schulaufsicht. Es ist zu hoffen, dass sich diese Tendenz zur Zusammenarbeit der beiden Dachverbände fortsetzt und die deutschen Schulverwaltungen auf diese Entwicklung positiv reagieren. _____ Alle islamischen Organisationen in Deutschland fürchten um eine Entfremdung der Jugendlichen und jungen Erwachsenen von ihrer Religion. Diese Furcht ist nicht unbegründet. Schließlich leben die jungen Leute in einer Umgebung, die durch islamische Werte oder Vorstellungen in keiner Weise geprägt wird. Gewiss kann man den Eindruck gewinnen, dass die Zahl der jungen Musliminnen, die ein Kopftuch tragen, in den vergangenen Jahren deutlich zugenommen hat. Diese Kopfbedeckung hat aber häufig weniger mit einer religiösen Überzeugung zu tun, als mit der Dokumentierung einer persönlichen kulturellen Identität. Sie ist Teil einer *bricolage*, einer Zusammensetzung von einzelnen Elementen unterschiedlicher Kulturen, der westlichen und der orientalischen; denn die Kopftuchträgerinnen tragen auch Hosen und hochhackige modische Schuhe, die sich mit den islamischen Kleidungsvorschriften nicht in Übereinstimmung befinden. Darüber hinaus haben Untersuchungen ergeben, dass gerade die jungen Frauen, die angesichts ihres äußeren Erscheinungsbildes nicht als Musliminnen zu erkennen sind, den religiösen

Pflichten des Betens und Fastens besonders eifrig nachkommen. _____ Aus zahlreichen Äußerungen junger Musliminnen und Muslime der dritten und vierten Generation wird deutlich, dass unter ihnen religiöse Bedürfnisse vorhanden sind. Oft werden sie aber in ihren Gewissensbissen angesichts der Problematik des Lebens in einer säkularisierten Gesellschaft allein gelassen. Ihre Eltern können ihnen in der Regel nicht raten, da ihre Kenntnisse des Islams und des islamischen Rechts für die Lösung der religiösen Probleme ihrer Kinder nicht ausreichen. Den von staatlicher türkischer Seite nach Deutschland entsandten islamischen Religionsgelehrten ist die deutsche Gesellschaft fremd; oft stehen sie ihr durchaus ablehnend gegenüber. Sie können daher kein Verständis für die Probleme der jungen Menschen aufbringen. Es wäre also gerade die Aufgabe der muslimischen Dachverbände, eine seelsorgerische Initiative für jungen Musliminnen und Muslime zu entwickeln, die die beträchtliche Flexibilität des islamischen Rechts nutzt, um den in Deutschland lebenden Muslimen aufzuzeigen, dass sie auch innerhalb der deutschen Gesellschaft als Muslime in Übereinstimmung mit den Regeln ihrer Religion leben können. Man kann davon ausgehen, dass diese Form islamischen Lebens sich von der unterscheiden wird, wie sie in den Kernländern der islamischen Welt praktiziert wird. Angesichts der Unterschiede zwischen nordafrikanischen, türkischen oder indischen Formen islamischen Lebens wird sich auch eine spezifisch deutsche Form entwickeln, die in den zentralen Fragen der Religion von den Orthodoxie nicht abweichen wird, aber in manchen Bereichen, um die heute noch gestritten wird, ein deutsches Gesicht hat. Es ist die Aufgabe der in Deutschland lebenden Muslime, ihre besondere muslimische Lebensform innerhalb der deutschen Gesellschaft zu entwickeln. Es ist die Aufgabe der deutschen Mehrheitsbevölkerung, diese Entwicklung zur Kenntnis zu nehmen und zu akzeptieren.

1

2

02_3) **anything goes?**

hinduistische glaubensvielfalt und die religiöse

postmoderne___ AXEL MICHAELS

Hinduismus – das bedeutet Millionen Götter, tausend Kasten, hundert Sprachen und Dialekte, vor allem aber eine Mischung von Religionen, Doktrinen und Lebensanschauungen, Riten und Kulten. Die Bilder für den Hinduismus gleichen sich denn auch: Dschungel, Schwamm, Netz oder Banyan-Baum, bei dem alles verkehrt herum ist, weil die Wurzeln von den Ästen in den Boden wachsen. Ratlos schaut der suchende Besucher Indiens auf die drittgrößte der sogenannten Weltreligionen – und vermisst das Gewohnte: *einen* Religionsstifter, *eine* Kirche, *ein* religiöses Oberhaupt, *ein* heiliges Buch oder *ein* religiöses Symbol. Was – um des *einen* Himmels willen – sind Jesus, Bibel, Papst oder Kreuz des Hinduismus? _____ Dabei haben sich die meisten Menschen im Westen längst ihre eigene religiöse *bricolage* gebastelt, in der ein Kirchenbesuch nur noch an Weihnachten, beim Tod eines nahen Menschen oder in der Toscana stattfindet. Buddhistische Meditation am Morgen, ein kraftspendender Stein in der Tasche für den Tag, Sufi-Lektüre am Abend, all dies geht heute zusammen. So manches Haus selbst eines hartgesottenen Naturwissenschaftlers ist ausgependelt. Und wenn es um die Gesundheit geht, baut nahezu jeder auf *seine* Wahrheit, nicht aber auf die der einen Wissenschaft. Von dem Physiker Niels Bohr erzählt man sich, dass er ein Hufeisen an der Tür seiner Skihütte angebracht hatte; als er gefragt worden sei, ob er daran glaube, soll er gesagt haben: »Selbstverständlich glaube ich nicht daran. Doch man hat mir versichert, dass Hufeisen auch dann wirken, wenn man nicht an sie glaubt.« Anything goes.

_____ In Indien, so scheint es, ist dieser Flickenteppich an Religiosität, dieser Supermarkt der Sinnangebote seit langem verwirklicht. Da steht der Glaube an die Beseeltheit von Steinen oder Pflanzen neben dem Glauben an die Macht der Hochgötter. Man kann nur einen Gott anbeten oder viele Götter, Dämonen und Geister. Man kann aber auch unbeschadet eine gottlose, monistische Philosophie betreiben, oder Materialist bzw. Agnostizist sein. Gelebt wird die Religiosität in ausgiebigen Ritualen, devotionalen Gesängen oder spirituellen, meditativen Praktiken, in puritanischen, vegetarischen Ritualen ebenso wie in wilden, berauschten Kulten. Es gibt ein Gebot zur Nichtverletzung von Lebewesen, aber auch Tieropfer. Fast möchte man meinen, in Indien sei die religiöse Postmoderne längst verwirklicht: Anything goes? →hindu-religionen und hindu-religiosität Tatsächlich ist der Hinduismus eine Mischung aus drei Religionen und vier Formen von Religiosität. Da ist – erstens – der *brahmanische Sanskrit-Hinduismus*, in dessen Mittelpunkt bestimmte Priester (die Brahmanen), familiäre Haus- und Opferrituale sowie der Veda, eine Sammlung autoritativer Sanskrittexte, stehen. Brahmanen zelebrieren Geburt, Initiation, Heirat und Tod ziemlich einheitlich. Gemeinsamkeiten bestehen auch in Bezug auf die Verehrung von Hochgöttern (besonders Shiva, Vishnu, Devi, Rama, Krishna, Ganesha oder eine Erscheinungsform davon), Pilgerwesen, Festtage, Gelübde, Ernährung, die Heiligkeit der Kuh und anderes mehr. _____ Doch beinahe alle Hindus, die Brahmanen eingeschlossen, praktizieren – zweitens – auch Rituale und Feste der *hinduistischen Volksreligionen*, deren Schwerpunkt auf lokal begrenzten, gemeinschaftlichen, kastenübergreifenden Feiern und volkssprachlichen, überwiegend oralen Texten liegt. Diese Religionen haben häufig eigene, nicht-brahmanische Priester, ihre Gottheiten sind eng mit dem Ort der Verehrung verbunden, zum Pantheon gehören oft auch Geister oder vergöttlichte Helden, die Feste und Rituale folgen eher mündlichen Texten als den Sanskrit-Schriften der großen Tradition. Aus der Sicht des brahmanischen Sanskrit-Hinduismus gelten die Verehrungsformen meist sogar als unrein.

_____ In diese beiden Religionen wird ein Hindu hineingeboren wie ein Europäer in das Christentum. Hinzu kommen – drittens – *gestiftete Religionen*, denen man im Erwachsenenalter freiwillig beitreten kann. Es handelt sich um meist asketische, oft antibrahmanische, mitunter missionierende Erlösungsreligionen mit mönchischen Gemeinschaften und autoritativen Schriften der Stifter. Hierzu zählen etwa Sektenreligionen (zum Beispiel vishnuitische oder shivaitische Sekten), synkretistische Stifterreligionen wie der hindu-muslimische Sikhismus, hindu-christliche Mischreligionen wie der Neohinduismus. Bereichert wird diese Mischung durch missionierende, vornehmlich im Westen tätige Stifterreligionen, die man als »Guruismus« bezeichnen kann, weil eine charismatische Figur ganz im Vordergrund steht (zum Beispiel Maharishi Mahesh Yogi und die Transzendentale Meditation oder Rajneesh und die Sannyasi-Bewegung). _____ Alle drei Religionen sind durch eigene

❶ 5/128 **Die Flussgottheit
Ganga auf einem Krokodil**
Heidelberg, Völkerkundemuseum der von -Portheim
Stiftung
❷ 5/148 **Dreiköpfige Schildkröte mit Mutter und Kind**
Privatsammlung Sinsheim
❸ 5/151 **Kondh-Bronze:
Opferszene** Privatsammlung
Sinsheim

Gottheiten, Priester, heilige Schriften und Rituale gekennzeichnet. Es ist daher berechtigt, sie als verschiedene Hindu-Religionen zu bezeichnen. Denn auch Judentum, Christentum und Islam bilden, worauf der Indologe Heinrich von Stietencron zu Recht hinwies, nicht *eine* Religion, nur weil sie in derselben Region entstanden sind. Praktiziert werden die Hindu-Religionen in mindestens vier Formen hinduistischer Religiosität: Ritualismus, Devotionalismus, Spiritualismus und Heroismus. Der *Ritualismus* umfasst den vedisch-brahmanischen Haus- und Opferritualismus (etwa Übergangsriten wie Initiation, Hochzeit oder Totenzeremonie), den Tempelritualismus, den Kastenritualismus oder Formen des Tantrismus. Beim eher atheistischen *Spiritualismus*, zum Beispiel dem Yoga, ist das Hauptziel die eigene Befreiung, wozu es oft eines einweisenden spirituellen Gurus bedarf. Im *Devotionalismus* wird ein meist pastoraler Gott (und seine Gefährtin) durch Lieder und mythologische Texte hingebungsvoll verehrt. Bei dieser mystischen Religionsform, auch Bhakti genannt, sind nicht so sehr Opfer, Ritualismus, Askese oder Wissen gefordert, sondern das Herz, Poesie, Musikalität, Tanz. Priester sind hingegen für die Gottesbegegnung nicht unbedingt erforderlich. Den *Heroismus* schließlich kennzeichnen spezielle Totenkulte (einschließlich Witwenverbrennung), Heldentod und Märtyrertum, Rituale von Raub (etwa in der Raubehe), und ein ausgeprägtes Heldenethos und ein Ehrenkodex, dessen Quelle oft die Epen bilden. Die glühende, mitunter militante Verehrung des Gottes Rama steht als ein Beispiel für diese Religiositätsform. _____ In Indien führen diese verschiedenen Wege nicht nach Rom, denn ein solches religiöses Zentrum lässt sich nicht ausmachen, aber sie gelten doch als gleichwertige Heilswege (*marga*). Ob man den Weg der Tat und des Opfers (*karmamarga*), den Weg des Wissens (*jñanamarga*), den Weg der (devotionalen) Teilhabe (*bhaktimarga*) oder – dieser ist den klassischen drei Heilswegen hinzuzufügen – den Weg der Ehre und des Heldentums (*viryamarga*) geht, bleibt einem selbst vorbehalten. **→religion: plural oder singular?** Die Glaubensvielfalt indischer Religionen kommt der westlichen Glaubensskepsis offensichtlich entgegen. Denn fast ein wenig resignativ erklärt man im Westen jeden Versuch, die Welt im Ganzen begreifen zu wollen, für gescheitert. Man will nicht mehr »das Ganze« auf *einen* Gott, *ein* Gesetz oder *eine* Wahrheit reduzieren müssen. Absolute Wahrheitsansprüche gelten als dogmatisch. Es heißt, sie würden dem historischen Wandel ebenso wenig gerecht wie den verschiedenen Kulturen und der Verschiedenheit der Menschen. Absolute Wahrheitsansprüche gelten als naive, männliche Omnipotenzphantasien. Kommt uns nicht mit dem einen Gott oder der einen Lehre, Gott würfelt und wir spielen mit – so etwa klingt es von den Mauern des Campus. _____ In der Tat, kein Betrachter der Welt oder der Welten kann eine Vogelperspektive einnehmen. Eine Gesamtsicht haben zu wollen ist westlich, christlich, männlich, imperialistisch, der untaugliche Versuch, überall eine prästabilisierte (geistige) Harmonie, einen Plan Gottes, ein Naturgesetz entdecken zu wollen. Kulturen haben aber keine Prinzipien, keine Geheimpläne, keine absolute Wahrheit, nur unendlich viele, widerstreitende Wege. Die Menschen, sagt der Philosoph Odo Marquard, sind nicht dadurch frei, »dass sie Gott kopieren: als quasi-allmächtige Chefs der Weltregie oder durch unbedingtes Vermögen; sondern sie sind frei durch Freiheiten im Plural«, durch das Bekenntnis zur Buntheit und zum Zufall. Kultur ist Leben, und Leben ist vielfach ungeordnet. Wer da nur ordnen will, lebt nicht – lautet der Vorwurf an die »Vernunftfinsterlinge« (Peter Handke), die der Geist der Ganzheitsliebe ergriffen hat. _____ Hin und her gerissen zwischen dem guten alten Ganzen und dem »Anything goes« des Hinduismus und der Postmoderne, hilft vielleicht die Anekdote eines Iren, mit der der Schriftsteller und Indologe A. K. Ramanujan einen programmatischen Aufsatz über Indien eingeleitet hat: Gefragt, ob das englische Wort *trousers* (»Hose«) Singular oder Plural sei, habe der Mann geantwortet: »Oben Singular, unten Plural«. Ein treffendes Bild, denn tatsächlich reicht unten, das heißt in dem sprachlich-textualen Material, den geschichtlichen Ausprägungen und der regionalen Streuung, nicht einmal der Dual der Hosenbeine aus, um dem Tausendfüßler »Hinduismus« ein angemessenes Beinkleid zu schneidern. Und doch gibt es oben so etwas wie eine Einheit des Hinduismus. Nur kann dies selbst nicht mehr eine Religion sein, wenn diese schon in den Hosenbeinen steckt. _____ Was aber eint den Hinduismus? Und was ermöglicht Indien, so viele Gegensätze und Widersprüche auszuhalten? Sind Inder besonders tolerant oder ungewöhnlich ignorant? Kann diese weitgehend friedliche Duldung des Anderen ein Vorbild für die multikulturellen und -religiösen Probleme der Gegenwart sein? Kann man – noch einmal Odo Marquard – mit dem Hinduismus das »Lob des Polytheismus« gegen das Unbehagen am Monotheismus singen? Steht da eine fluide, amorphe, sanfte, womöglich »weibliche« Kultur einer westlichen harten, starren, rationalen, »männlichen« Kultur gegenüber?

→ **die kraft zur einheit** Die kohäsive Kraft, die die Hindu-Religionen zusammenhält, ist, so meine ich, vor allem eine Gewohnheit, ein historisch gewachsener, kultureller Habitus, dessen Kern eine ausgeprägte Neigung zu religiösen, heilsbezogenen Gleichsetzungen bildet. In dem vermeintlichen Dickicht des Hinduismus, seiner stets beklagten Vielfalt und dem Klischee des bunten Chaos steckt eine Lebenshaltung, die das Denken, Fühlen und Handeln weitgehend prägt. Zwei Beispiele: Die meisten Einführungen in den Hinduismus behandeln nur die indische Philosophie und die Mythologie, als ob die Menschen in Indien nur meditieren oder sich Geschichten erzählen. Tatsächlich ist der Hinduismus aber mehr als Glaube, er ist vor allem auch ein »way of life, a culture, both religious and secular«, wie die Himalayan Academy erklärt. »Der Hindu«, heißt es auf der Homepage dieser hinduistischen Glaubensorganisation mit Sitz in Hawaii weiter, »ist nicht gewohnt, seine Religion als ein klar definiertes System zu konzipieren, denn sie füllt sein ganzes Leben aus.« _____ Religiöser Habitus ist darüber hinaus Teil der Sozialisation. Denn der soziale Sinn, wie ihn der französische Sozialwissenschaftler und Philosoph Pierre Bourdieu versteht, oder das »kulturelle Gedächtnis«, das der Ägyptologe Jan Assmann beschreibt, sind kulturell prägend. Man wächst in eine Religion, ehe man sich zu ihr bekennt. Hier liegt das Problem aller Religionen, die auf die bewusste Konfession Wert legen und daher die Kindstaufe beargwöhnen. _____ Der Freiheit im Glauben steht im Hinduismus eine gewisse Unfreiheit im Heiraten gegenüber, denn Ehen sind arrangiert und folgen Traditionen, bei denen fast nur die Deszendenz oder Abstammung zählen. Der Weg zum Himmel führt im

❶ 5/134 Relief zu Ehren der Göttin Danteshvari Mata. Völkerkundemuseum der von-Portheim Stiftung, Heidelberg
❷ Darstellung der Göttin Kali in einem Sicherungskasten, aus: Priya Mookerjee, Pathway Icons, The Wayside Art of India, Thames and Hudson, London 1987

Hinduismus sehr oft über die Ahnen oder Vorväter. Die Identität einer sozialen Gruppe, etwa einer Kaste oder Subkaste, ist dann allein durch die Vaterlinie bestimmt. So sehr, dass die Frau bei der Hochzeit die Abstammung ihres Mannes zugesprochen bekommt und ihre eigene verliert. Solche rituellen Identifikationen wirken sich im sozialen Leben sehr direkt aus, denn sie bestimmen die sogenannte Kastengesellschaft mit ihren Heiratsregeln und Vorschriften zur Essenseinnahme oder Berufsausübung. ——— Ein weiteres Beispiel ist die Göttervielfalt, der Polytheismus. Nach hinduistischen Vorstellungen kann das Göttliche nahezu überall sein: in Pflanzen, Tieren, Steinen, Worten, Statuen, auch im Menschen. Und das Göttliche kann vieles sein. Schon in den Upanishaden heißt es: Das Eine dachte bei sich, ich möchte Vieles sein. Es war diese Herabkunft des Göttlichen auf die Erde ein spielerischer Akt der Götter, nicht des Sündenfalls. Daher ist es aus hinduistischer Sicht eine Beleidigung des Göttlichen, erstens zu wissen, was genau es sei, zweitens, die Vielfalt auf eines zu reduzieren. Monotheismus ist aus hinduistischer Sicht nichts als eine Verarmung. Wichtiger als das Beharren auf dem Einen ist die Fähigkeit, auch ein Zweites oder Drittes miteinander gleichsetzen zu können. Dies führt zu einem im Westen vergleichsweise ungewohnten Denken: A ist gleich B, obwohl beide verschieden sind! Das ist im Hinduismus kein Widerspruch, sondern die Erkenntnis, dass sie auf einer religiösen Ebene eine Gemeinsamkeit haben, die freilich auf der manifesten Ebene immer nur teilweise verwirklicht sein kann. Die Folgen sind ein großer Gleichmut und eine unaufgeregte Religiosität, von der der Westen vielleicht tatsächlich lernen kann. ——— Denn die Trennungen, die Kopfschmerzen bereiten: Diesseits/Jenseits, profan/heilig, belebt/unbelebt, Natur/Kultur, Gott/Mensch, sie können im Hinduismus mittels des identifikatorischen Habitus umgangen, vermieden oder aufgehoben werden. So ist die Selbstvergottung, die Identität zwischen Mensch und Gott, keine Unmöglichkeit, sondern Folge dieses Denkens: Wenn ich nicht weiß, wie sich Gott manifestiert, kann ich auch nicht ausschließen, dass ich selbst Gott (bzw. das, wofür Gott steht, nämlich Unsterblichkeit) bin. Hier haben wir mit einen Grund für die indische Askese: Weil das ganz Andere immer schon das Eigene ist, muss weder der andere Gott ausgegrenzt noch der Mensch von Gott getrennt werden. ——— Auch radikale Gleichsetzungen sind möglich. So kann ein Atomkraftwerk, das shakti, »Macht« (besser: das englische Wort »power«) produziert, beinahe einen religiösen Charakter bekommen, weil es zugleich als Sitz der gleichnamigen Göttin Shakti angesehen wird. Eine Briefmarke zeigt diese religiöse Assoziation, indem es einen Atommeiler wie ein *Linga*, das phallische Symbol Shivas, erscheinen läßt. Und als 1998 ein nuklearer Test durchgeführt wurde, wollten radikale Hindu-Gruppierungen auf dem Testgelände sogleich einen *Shakti Sthal*, einen Ort zu Ehren der Göttin Shakti, errichten und den radioaktiven Sand als *prasad*, eine Art geweihte Göttergabe, im Lande verteilen lassen. ——— Letztlich beruht der Hinduismus (wie auch der Buddhismus) aber auf einer einzigartig radikalen Gleichsetzung: Alles, was ist und was sein kann, ist vergänglich und damit leidvoll, selbst Glück, Liebe oder Gott. Daher muss das Heil jenseits von Diesseits und Jenseits gesucht werden: in einer Identifikation mit dem Absoluten, das im Hinduismus das Selbst, im Buddhismus das Nicht-Selbst bzw. die Leere ist. Aus diesem Mut zu ungewohnten religiösen Gleich(setz)ungen wächst ein Gleichmut, der dieser gottlosen Zeit, die mehr auf Erlös als auf Erlösung aus ist, der die Freiheit *in* der Welt wichtiger ist als die Befreiung *von* der Welt, an ihrem Ende vielleicht guttut.

DASS IM ANGESICHT DER EXISTENZ VON BROTFABRIKEN DIE BITTE UM UNSER TÄGLICH BROT ZU EINER BLOSSEN METAPHER UND ZUGLEICH ZUR HELLEN VERZWEIFLUNG GEWORDEN IST, BESAGT MEHR GEGEN DIE MÖGLICHKEIT DES CHRISTENTUMS ALS ALLE AUFGEKLÄRTE KRITIK AM LEBEN JESU.

———THEODOR W. ADORNO, MINIMA MORALIA 72

❶ Briefmarke mit Abbildung des Atomreaktors Trombay, erstmals ausgegeben am 14. November 1965 **❷** Leo Regan, Bruder Emmanuel Patrick segnet einen neuen Wagen. Lagos (Nigeria), 1996

❶ Roger Anthoine, Ankunft italienischer Arbeiter in Charleroi, 1995 ❷ Steve Freedman-Spooner,Verhungerndes Mädchen im Sudan, 1998

UNENTRINNBAR

WER WEISS, OB NICHT

LEBEN STERBEN IST,

ATEM ERWÜRGUNG,

SONNE DIE NACHT?

VON DEN EICHEN DER GÖTTER

FALLEN DIE FRÜCHTE

DURCH SCHWEINE ZUM KOT,

AUS DEM SICH DIE DÜFTE

DER ROSEN ERHEBEN

IN ENTSETZLICHEM KREISLAUF,

LEICHE IST KEIM,

UND KEIM IST PEST.

ALBERT EHRENSTEIN

❶ Jean-Pierre Favreau, Stadt in England, Neunziger Jahre ❷ Wonge Bergmann, Streife an der deuts

enze, 1998

Bernd Auers, Büro im Center For Positive Thinking (Providence, N. Y.)

03 _ fluchten)

EVA MARIA THIMME _____

Sieben Weihegrade kannte der römische Mysterienkult des Mithras, der in Liturgie und Lehre auf iranisch-indischen Überlieferungen fußte und diese mit Vorstellungen der griechischen, insbesondere der platonischen Philosophie einerseits, mit Elementen des in der Spätantike weit verbreiteten orientalischen Synkretismus andererseits, zu einer neuen Religion verband. Diese unterschied sich deutlich von allen anderen sakralen Traditionen, die im römischen Kaiserreich in den ersten drei Jahrhunderten nach christlicher Zeitrechnung praktiziert wurden. _____ Auf zahlreichen Fresken und Reliefs als siebensprossige Leiter oder Flucht von sieben gestaffelt angeordneten Toren dargestellt, waren die sieben Weihegrade den sieben Planeten zugeordnet. Dabei entsprach Merkur der ersten bzw. untersten Initiationsstufe, es folgten die unter der *tutela*, der Schirmherrschaft von Venus, Mars, Jupiter, Mond und Sonne stehenden Grade, die alle von der höchsten Planetengottheit Saturn regiert wurden. Der in die höchsten Mysterien Eingeweihte trug den Titel *pater* (Vater), den Gott Mithras in Träumen oder Visionen anwies, neue Anhänger in die bestehende Gemeinschaft aufzunehmen und bereits Eingeführte zu den jeweils höheren Weihen zuzulassen. _____ Es waren also die Mithras-Mysterien ein auf die sieben Planeten bezogener Kult, in dem die stets nach Verbindungen und Bezugpunkten zwischen himmlischer und irdischer Sphäre suchende kosmische Frömmigkeit der Spätantike eine vollkommene Form gefunden hatte. Der Enthüllung sieben aufeinanderfolgender Mysterien, dem Aufstieg über sieben Weihestufen zu Lebzeiten entsprach nach dem körperlichen Tod der Aufstieg der Seele zu den sieben Planeten in den Fixsternhimmel. Das Leben des Mithras-Gläubigen in der Vergänglichkeit war ein Vorspiel nur, gewissermaßen die Generalprobe eines zukünftig auf höherer Szene gegebenen Schauspiels.   Tatsächlich kann die theatralische Inszenierung des Mithras-Kultes für die Intensität des religiösen Empfindens kaum überschätzt werden. Ausnahmslos alle Mithräen lagen in – zumeist künstlich angelegten oder ausgebauten – unterirdischen Grotten und Höhlen oder, sofern es die geologische Beschaffenheit der Region nicht anders gestattete, in Kellergewölben. Aufwändig ausgeschmückt durch Fresken und Mosaiken, Reliefs und Skulpturen mit Darstellungen der den Weihegraden entsprechenden Symbole oder Mythen, Überlieferungen oder Szenen des Ritus, waren die Decken der Heiligtümer immer als Sternenhimmel ausgemalt – Abbild eines Weltbildes, in dessen Zentrum die Erde lag, über der sich die Planetensphären erhoben, die ihrerseits vom Fixsternhimmel abgeschlossen wurden. Und diesen Himmel dachte man sich als eine aus Stein gehauene, fest gefügte Wölbung.   Zur Blütezeit des Mithras-Kultes war diese uralte, aus indisch-altorientalischen Mythen überkommene Vorstellung zu bildungsbürgerlichem Allgemeingut geworden, und zwar unabhängig davon, ob sie von den Anhängern einzelner Religionsgemeinschaften – den Christen etwa oder Juden – geteilt wurde oder nicht. Sie findet sich in dem fragmentarisch nur erhaltenen Spruch des Vorsokratikers Empedokles aus Agrigent (um 483/82-424/23 v. Chr.) über den Abstieg der Seele in die irdische, die materielle Welt: »Wir gelangen in diese überdachte Höhle«, und liegt dem vielzitierten Höhlengleichnis von Plato zugrunde. Dass diese Vorstellungswelt selbst in die mythische Phantasie und Umgangssprache der unter römischer Herrschaft stehenden Gallier eingegangen war, ist in neuerer Zeit einer größeren und wohl überwiegend jugendlichen Leserschaft in den Episoden einer französischen Comic-Serie auf ebenso amüsante wie zutreffende Weise bekannt gemacht worden.   Die Erde ist nicht Zentrum des Kosmos, der Himmel ist nicht aus Stein, und das Universum – so beweisen die Beobachtungen der Astrophysiker – dehnt sich kontinuierlich aus. Die Welt ist weit geworden, der Himmel öffnet sich in kaum vorstellbare Dimensionen – und der Mensch bleibt an die Kontingenz seines Daseins, an Notwendigkeiten, Zwänge und Ängste gefesselt. Fossilen Relikten nicht unähnlich, die sich in der Gegenwart merkwürdig unzeitgemäß ausnehmen und doch unverändert aktuell zu bleiben scheinen, dokumentieren sie die Wünsche der *species humana* – und markieren die Grenzen ihrer Möglichkeiten. So wenig wie unter der geschlossen gedachten Himmelskuppel haben sich vermittels des wissenschaftlichen Weltbildes Fluchtwege aus der Enge der Existenz aufgetan, und die von weltlichen oder geistlichen Behörden aufgestellten und stets fürsorglich auf den neuesten Stand gebrachten Wegweiser und Wandertafeln führen häufig, wenn nicht in gänzlich ausweglose Labyrinthe, so doch in Sackgassen, aus denen die Umkehr nur mühsam gelingen will.   Freilich mündet, über welche Höhen, Tiefen und Sümpfe auch immer geführt, jeder Lebenslauf an einem Punkt, der den Ausgang aus dieser Welt und den Eintritt in eine andere Sphäre anzeigt. Diese Zäsur ist im Denken und Fühlen der Menschen als absolutes Ende verankert, als Schlusspunkt, in dem gleichsam alle anderen Ängste gerinnen. Die Angst vor dem Tod kann durch religiöse Lehre und Praxis allenfalls geringfügig und kaum verlässlich gebändigt werden, wie sie sich auch gegenüber streng wissenschaftlicher Aufklärung, atheistischer Überzeugung und hedonistischer Lebensweise als nicht nur außerordentlich resistent erwies, sondern erstaunlicherweise neuen Auftrieb erhielt. Noch keine Religion hat um der verkündeten Lehre willen auf die Umdeutung des körperlichen Todes als Beginn des ewigen Lebens verzichten können, auf die Eröffnung einer Perspektive auf das zeitlos-göttliche Jenseits. Selbst der jeder religiösen Propaganda unverdächtige Maximilien Robespierre kam nicht umhin zu erklären: »Der Tod ist der Anfang der Unsterblichkeit.«

_____ So unterschiedlich solche Angst mindernden Appelle auch intoniert werden, sie scheinen, wenn nicht ungehört zu verhallen, in ihrer Botschaft doch wenig überzeugend, buchstäblich nicht *glaub*würdig zu sein. Man müsste für die Zukunft eine Verstärkung, vielleicht gar eine Verwilderung dieses Instinkts annehmen, gäbe es nicht das durch alle Zeiten belegte Bemühen um seine Beherrschung: durch wahrsagen, opfern, beten soll der Mastodon der menschlichen Angst gebändigt werden. Drei Formen der Verbindung zwischen dem heiligen Prinzip und dem Menschen werden gesucht: einmal das von Unsicherheit und Furcht motivierte, aber auch dem Wunsch nach Erkenntnis geschuldete Erforschen und Deuten des göttlichen Wirkens in der Welt; sodann ein vor sich selbst, im Stillen abgelegtes Gelübde oder ein öffentlich dargebrachtes Opfer; schließlich der spirituelle, wortlose Dialog, die gemeinsam angestimmte Bitte oder der Auftrag an einen anderen, wortmächtigeren, vielleicht besseren oder gar heiligen Menschen, das Gebet stellvertretend vorzubringen. _____ Drei Formen der Verbindung von Diesseits und Jenseits also, die in ihrer »Laufrichtung« und Wechselbeziehung vor allem *vertikal* vorgestellt werden. Doch selbst in ihrer individuellsten und verhaltensten Äusserung sind sie gemeinschaftstiftend, beziehen Mitmenschen mit ein, wirken also *horizontal*. Das gilt unbeschadet der Tatsache, dass Menschen sich durch die ihnen heiligen Traditionen und Riten unterscheiden und nicht selten entzweien. _____ Anschaulich illustriert wird diese Korrespondenz im Ritus der Mithras-Religion: In die Decken von zahlreichen unterirdischen Sakralräumen waren schmale Öffnungen nach draußen angebracht, durch die zu einer bestimmten Stunde an den vier heiligen Tagen der Sommer- und Wintersonnenwende sowie der Tag- und Nachtgleiche im Frühling und Herbst ein Sonnenstrahl auf das Abbild des Gottes Mithras fiel. Für einen kurzen Moment empfanden sich die versammelten Gläubigen mit der Heiligkeit unmittelbar verbunden, erlebten sie die Öffnung des hermetisch

Nachbau des Mithräums von Nide, Kurpfälzisches Museum Heidelberg

verschlossenen Himmels und erhielten gleichsam das erneuerte Versprechen auf ein Leben im Licht der Ewigkeit. _____ Beten, opfern, deuten – es wird sich zeigen, ob diese Formen der gelegentlich modischen Trends folgenden, in ihrem Wesen indes bislang stets unverändert gebliebenen Spiritualität des Menschen Bestand haben, oder ob nicht bereits, wie der Dichter Jean Paul in der Einleitung seiner 1804 veröffentlichten *Vorschule der Ästhetik* schrieb, jene Zeit angebrochen ist, in der »Gott, wie die Sonne, untergeht: da tritt bald darauf auch die Welt in das Dunkel; der Verächter des Alls achtet nichts weiter als sich, und fürchtet sich in der Nacht vor nichts weiter als vor seinen Geschöpfen (...) denn die meisten schauen im Universum nur den Marktplatz ihres engen Lebens an, in der Geschichte der Ewigkeit nur ihre eigene Stadtgeschichte.«

dem anderen – der kult der afro-brasilianischen

orishas—— TULLIO MARANHAO

Als Folge des Sklavenhandels entwickelten sich die afro-amerikanischen Religionen im 17. und 18. Jahrhundert in der Neuen Welt. Die unter den Bezeichnungen Voodoo, Macumba, Umbanda und Candomblé bekannt gewordenen Kulte, die zumal in Louisiana, Haiti, Kuba und Brasilien aufblühten, sind keine rein afrikanischen Ableger. Sie wurden in synkretistischer Anpassung an das Christentum neu geschaffen, und zwar von Sklaven, die unter ständiger Bewachung und Repression durch die Kolonialbehörden lebten und deshalb nicht ihre eigene soziale Struktur wiederherstellen konnten. Die afroamerikanischen Geistbesessenheitskulte hatten ihre Zentren in Städten wie Recife und Salvador an der Ostküste Brasiliens und formierten sich innerhalb der brasilianischen Gesellschaft zu zwei Hauptströmungen, Umbanda und Candomblé, die gegenwärtig keineswegs nur unter den schwarzen Nachfahren der ehemaligen Sklaven weit verbreitet sind. ——

❶

Diese Religionen bestehen aus einem Ritual der Geistbesessenheit, einem Kult der Orishás – Geistwesen in einem mythischen Pantheon – und aus Opfergaben, die ihnen dargebracht werden. Mythen afrikanischen Ursprungs umreißen die rituellen Verpflichtungen gegenüber jedem einzelnen Orishá und entfalten ein System moralischer Werte, das im tagtäglichen Leben sorgfältig zu beachten ist. Der Gläubige kommt für eine Konsultation zum *terreiro* (wörtlich »Hof«), zum Ort, an dem der Kult praktiziert wird, im allgemeinen eine Anlage von Sakralstätten in geschlossenen Räumen oder im Freien. Die Geistpatin oder der Geistpate (die geistlichen Würdenträger) deutet den Zustand des Klienten, indem Sakralobjekte für die Weissagung auf ein Tablett geworfen werden: Kokosnüsse, Kaurimuscheln, eine zum Wahrsagen verwandte Kette, die ein geometrisches Muster zeichnen, das

❶ **5/209 Der »alte schwarze Mann«** (Preto Velho) *verkörpert die Seele der verschleppten afrikanischen Sklaven und symbolisiert Weisheit und Vergebung* ❷ **5/209 Indio** – *Symbol der Seele des brasilianischen Indio* ❸ **5/209 Eshu** *ist das zwischen den einzelnen Orishás und den Menschen vermittelnde Prinzip*

anzeigt, welche Orishás dominieren oder um die Herrschaft über den Gläubigen streiten. Der Wahrsageakt wird von Anrufungen und Gebeten zu Ifa, dem obersten Orishá der Prophetie, begleitet. Der Geistpate erläutert die heikle Situation, in der sich das Geistpatenkind befindet – und zwar entsprechend den in den Mythen überlieferten Beziehungen, die zwischen den Orishás bestehen. So deutet der Geistpate zum Beispiel, dass der über dem Haupt des Gläubigen herrschende Orishá Ogun sei, dass aber Shangô ebenfalls das Geistpatenkind für sich beanspruche. —— Die Orishás wurden in der Neuen Welt individualisiert und mit Vorstellungen und Biografien katholischer Heiliger identifiziert. So fanden die afrikanischen Sklaven einen Weg, die koloniale Unterdrückungsmacht über ihre Religion zu täuschen, indem sie vorgaben, der katholischen Liturgie zu folgen. Zahl und Eigenarten der Orishás waren historischen und geografischen Veränderungen unterworfen, doch sind nach wie vor die volkstümlichsten und bekanntesten auch die beliebtesten. Der wichtigste Orishá im Kult ist Eshu, der von den Christen irrtümlich für den Teufel gehalten wird. Tatsächlich ist Eshu mit Hermes der antiken griechischen Mythologie vergleichbar, insofern er Mittler zwischen allen Orishás und den Menschen ist. Jeder Orishá ist auf die Orakeldienste Eshus angewiesen, weshalb die meisten Opferzeremonien mit Gaben für ihn beginnen. Bevor die Orishás individualisiert und katholischen Heiligen gleichgesetzt waren, wurden sie eher durch Orte als durch Personen und Statuetten in den *terreiros* symbolisiert. _____ Yoruba ist der ursprüngliche linguistische und kulturelle Komplex Westafrikas, der sich über die heutigen Länder Nigeria und Dahomé erstreckt, wo auch die heilige Stadt Ifé liegt. Nach dem Mythos vom Ursprung aller Dinge gab es am Anfang nichts als Luft, und das höchste aller Wesen, Olurum (manchmal auch Olodumaré genannt), war maß- und grenzenlose Luft. Dann begann die Luft sich zu bewegen, etwa wie beim Ein- und Ausatmen, und so entstand allmählich Wasser und ein anderer höherer Orishá, Orishanlá. Aus der Verbindung von Luft und Wasser ging Lehm hervor. Das erste geformte Gebilde war ein rötlicher Lehmbrocken, der einst von Olurum hervorgebracht worden war, der ihm seinen Atem eingehaucht hatte: Proto-Eshu, Eshu Yangi. Der größte und älteste Orishá, Orishanlá oder Oshala, ist eine Kombination aus zwei Kräften: dem männlichen (Obatalá) und dem weiblichen (Oduduwa) Prinzip. Im Synkretismus mit dem Katholizismus wird Oshalá mit Jesus identifiziert, doch der ursprüngliche und göttliche Oshalá soll ein älterer Orishá gewesen sein, nämlich der christliche Gott. _____

Orishás sind nicht mit den toten Ahnen identisch. Während die Verstorbenen Geister von Individuen sind, die sich zwar im *orun*, der unsichtbaren Welt des Jenseits, befinden, gleichwohl der irdischen Lebenswelt der Menschen, dem *aiyé*, angehören, sind die Orishás kosmische Kräfte oder Prinzipien, das heißt, symbolische Ausdrucksformen von Elementen wie Luft, Erde, Wasser, Feuer, von Bäumen etc. In Afrika bestimmte der Kult der Orishás die Zugehörigkeit zu Klans und Dynastien und band so die soziale Ordnung in die kosmische ein. Nicht nur war jeder Klan mit dem Orishákult verbunden, sondern jedes Individuum innerhalb eines Klans hatte seine Orishá-Ahnen. Insofern war der Klan ein mikrokosmisches Abbild des geistigen Kosmos. Genau das will ein *terreiro* sein: eine Replik des Orishá-Pantheons auf Erden, im *aiyé*, das einer bestimmten Gruppe von Menschen zugänglich ist. Insofern ist der *terreiro* die Einbettung des Kosmos in die Gesellschaft. _____ Naná Buruku ist einer der mächtigsten Orishás. Sie vereinigt Mutterschaft, Reproduktion und Tod in sich. Als Ursprung der Fruchtbarkeit enthält sie die Elemente Erde und Wasser – und damit auch Lehm, das Material, aus dem die ersten Menschen und Dinge geformt wurden. Geschaffen aus Erde, wird der Mensch nach seinem Tod wieder zu Erde, und kehrt auf diesem Weg zu Naná Buruku zurück. Aller Anfang der Generationenfolge liegt der Yoruba-Kosmologie zufolge darin, dass etwas Trockenes wie die Erde befeuchtet wird. Schwangerschaft entsteht, indem das männliche Element das trockene weibliche befeuchtet. Ihre Mutter-Erde-Natur macht Naná zum Orishá der Landwirtschaft, der Fruchtbarkeit und des Korns.

Wenn die Geistpatinnen, besessen von Naná, mit langsamen, würdigen Bewegungen in Trance tanzen, schwingen sie ein Zepter, das *ibirí* genannt wird: »mein Ahne fand es [das Zepter] und brachte es mir zurück.« Der Gegenstand wurde ihr demnach nicht gegeben, sondern sie wurde schon damit in der Hand geboren. Das Zepter wird wie ein Säugling im Arm der Mutter in den Schlaf gewiegt. _____ Kaurimuscheln ohne Schnecken stellen die geistige Verdoppelung der sichtbaren Wesen dar und gehören zu den verbreitetsten Gegenständen im Candomblé. Sie finden bei allem, was mit Naná zusammenhängt, reichlich Verwendung. Da die Erde auch mit der Vorstellung der Gerechtigkeit in Verbindung gebracht wird, ist Naná ihr Orishá und wird mit den Worten »möge die Erde davon Zeugnis geben« begrüßt, womit auf die Fähigkeit der Erde angespielt wird, alle Untaten zu bezeugen. Sie wird mit der Heiligen Anna, auch mit der Heiligen Barbara und Unserer Lieben Frau von Candelária identifiziert. _____ Ein Orishá, der ebenfalls mit Wasser in Verbindung steht, ist Oshun. Ihr Name ist von einem Fluss in Afrika abgeleitet. In Brasilien symbolisiert sie alle Flüsse und Wasserfälle. Als weitere wichtige Verkörperung des Weiblichen und der Reproduktion ist Oshun die Patronin der Schwangerschaft. Sie wird zum Schutz des Foetus und der Neugeborenen angerufen und mit rotem Blut in Verbindung gebracht. In der Yoruba-Kosmologie gibt es drei metaphysische Substanzen, die das Wesen der Dinge ausmachen: rotes, weißes und schwarzes Blut. Rot ist das tierische und menschliche Blut; es taucht im Menstruationsfluss, in Verbindung mit Leben, beim Töten und mit dem Tod auf. Es findet sich auch im Pflanzenreich, wie etwa in bestimmten Ölen, die den Bäumen entzogen werden, sowie im Honig, der »Blut der Blumen« genannt wird. Mineralien wie Kupfer und Bronze haben ebenfalls rotes Blut. Weißes Blut ist in Sperma, Speichel, Atem und in den Körpersekreten, in der Schnecke, im Saft von Bäumen, in der Muttermilch und vergorenen Getränken. Salz, Kalk, Silber und Blei sind ebenfalls Quellen weißen Blutes. Schwarzes Blut schließlich findet sich in Asche, Knochen, bestimmten verdorrten Pflanzen, in Kohle und Eisen. _____ Oshun ist die Mutter aller Mütter. Der antiken griechischen Darstellung jenes Wesens, das halb Frau, halb Vogel ist und später zur Sirene wird, entspricht auch Oshun, die, als sie zum ersten Mal einem Menschen erschien, ein Fisch war. Ihr Körper soll geschuppt sein, und ihre Feste werden in der Nähe von Gewässern, oft zusammen mit rituellem Fischfang, gefeiert. In den mythischen Erzählungen von Oshun verwandelt sich der Fisch in einen Vogel, sie wird deshalb mit Federn bedeckt dargestellt. Federn und Fischschuppen sind in den Ritualen heilige Gegenstände und stets dem weiblichen Prinzip eigentümlich. Um zu existieren, muss jedes Lebewesen, auch jedes Element, *ashé*, das Prinzip der Selbstverwirklichung, der Identität, des Bei-sich-Seins aus-

❶ **5/209 Yemanjá** *wird »Mutter aller Orishás« genannt, ihr Schoß enthält den Ozean. Ikonographisch mit der jungfräulichen Mutter Gottes verbunden, symbolisiert sie auch Fruchtbarkeit und Sexualität* ❷ **5/209 Oshalá** *ist die höchste Orisha-Gottheit, die das weibliche (Oduduwa) und männliche (Obatala) Prinzip in sich vereint* ❸ **5/209 Naná Buruku** *verkörpert das Fruchtbarkeitsprinzip, Mutterschaft und Geburt, aber auch den Tod. Sie symbolisiert die Elemente Wasser und Erde wie auch den Schlamm, aus dem alles entstand und in den alles zurückkehrt.*

bilden; und so wie Wasser *ashé* der Erde ist, ist Blut *ashé* der weiblichen Fruchtbarkeit. _____ Oshun ist eitel, schön und verführerisch. Unfähig, Hassgefühle gegen andere zu hegen, ist sie die Lieblingsfrau des Kriegerorishá Shangô. Verschiedene Bilder der Muttergottes werden zu ihrer Darstellung verwandt, meistens entspricht sie Unserer Lieben Frau der Unbefleckten Empfängnis. Oshuns Feiertag ist der 2. Februar, doch kann ihr Fest auch am Tag der Unbefleckten Empfängnis, dem 8. Dezember, gefeiert werden. Obwohl ein Orishá des Friedens, ist eines der Symbole Oshuns das Schwert. Zu ihrem Thronsitz gehören ein

Stein aus einem Fluss oder Wasserfall, weiße Gefäße und Honig. Ihr werden mit Kokosnuss gekochtes Getreide, Eier, Bohnen, Hühner dargebracht; ihre Opfertiere sind Ziegen, Hühner, und Enten. Am Sitz Oshuns wie auch bei den Opfergaben für sie finden sich stets Blumen, Parfüm, Spiegel und Puppen. Während der Feiern tanzt sie in den Trancen ihrer Töchter in einem langen gelben Rock, einer weißen gestickten Bluse und mit einem gelben Turban. Die Perlen ihrer Halskette sind goldgelb. ____ In der Hierarchie der Orishás steht Oshalá dank seiner Dualität des weiblichen (Oduduwa) und männlichen (Obatalá) Prinzips über allen anderen. Ähnlich wie im volkstümlichen Katholizismus gibt es auch im Volkscandomblé die Wunschvorstellung, dass sich Oshalá mit einer ihm ebenbürtigen weiblichen Orishá verbindet. In einigen Gebieten und *terreiros* ist Naná diese Königin der Orishás im Reich von Oshalá, in anderen ist es Yemanjá, die Meeresgöttin des Candomblé in Brasilien mit seiner langen Atlantikküste. Die Merkmale von Yemanjá decken sich weitgehend mit denen Oshuns. Wenn jedoch eine von beiden im Schatten der anderen steht, dann Oshun. Yemanjá meint wörtlich »Mutter des Fischsohnes«, eine Anspielung auf ihren Schoß als Gefäß des Ozeans. Oshalá und Yemanjá gelten als kosmische Urquellen und Erzeuger anderer Orishás. Eine Priesterin des Shangôkults nennt eine Priesterin der Yemanjá »Mutter«. Yemanjá wird auch als die »Mutter aller Orishás« bezeichnet und gilt als die schöne, sexuell aktive Mutter, die Göttin der Fruchtbarkeit und der Sexualität. Sie weist Züge und Eigenschaften einer jungfräulichen Mutter auf und wird deshalb mit der Jungfrau Maria gleichgesetzt. Die Liste ihrer Orishákinder ist lang; neben Shangô sind es Dadá, Ogun, Olokun, Oyá, Oshun, Orun (der Ursprung der Sonne) und Oshupá (der Ursprung des Mondes). Ihre Farben sind Pastellweiß, hellblaue und pastellgrüne Töne; die Perlen ihrer Halskette sind aus Kristall, auch durchsichtiges Glas wird ihr zugesprochen. Sie hält einen Metallfächer, der in der Mitte eine erhaben gearbeitete Seejungfrau zeigt. Die meisten der mit Yemanjá verbundenen heiligen Gegenstände sind aus Silber oder einem anderen Metall. Der Sitz von Yemanjá ist wie derjenige von Oshalá unmittelbar an einem weißen Stein aus dem Meer zu erkennen. Ihr Festtag ist der gleiche wie der Oshuns, nämlich der 2. Februar, doch das größte Kultfest der Yemanjá in Brasilien ist jeweils der letzte Tag des Jahres. Millionen Menschen, selbst solche, die sonst an den Kulthandlungen nicht teilnehmen, begeben sich zum Strand und werfen für Yemanjá Blumen, Schmuck, Spiegel, Parfüm, selbst ganze Schminktische ins Meer, in der Hoffnung auf ein besonders in Liebesangelegenheiten glückliches neues Jahr. ____ Ogun und Oshossi sind Jäger-Orishás des Waldes, Ursprung von Flora und Fauna. Ogun ist ein geheimnisumwitterter Orishá, dessen Sitz sich am Fuß eines Baumes befindet. Er ist von einem Zaun aus Schwertern (Espadas) des Heiligen Georg umgeben, die in Brasilien auch »espadas de Ogun« genannt werden. Das Symbol Oguns ist die eiserne Machete, mit der er sich den Weg durch unwegsames Gelände bahnt. Ogun ist Jäger, Erfinder der Waffen

❸

und Entdecker des Eisens. Sein *ashé* ist schwarzes Blut, das von seiner Arbeit als Schmied mit Kohle, Feuer und Eisen stammt. Seine Farben sind dunkelgrün und blau. Im Synkretismus von Katholizismus und Candomblé wird Ogun neben dem Heiligen Georg auch mit dem Heiligen Antonius und Hieronymus zusammengebracht. _____ Oshossi entspricht dem Heiligen Sebastian, gelegentlich auch dem Heiligen Georg. Als Jäger wie Ogun ist sein Hauptsymbol Pfeil und Bogen. Während Ogun mit den Bäumen in Verbindung steht, ist Oshossi der Orishá der jungfräulichen Erde. Zu den ihm heiligen Gegenständen gehört das Horn, was interessanterweise die Mächtigkeit von Oshossis Stimme, weit entfernte Orte zu erreichen, symbolisiert. _____ Shangô, der in Gesellschaft eines Löwen auf einem Felsen sitzt und im Buch der Gerechtigkeit schreibt, wird dem Heiligen Hieronymus zugeordnet. Wie sein griechisches Gegenstück Zeus ist Shangô der cholerische und unberechenbare Donner-Orishá. Unter den vielen *ashé* Shangôs fallen vor allem Körpermuskeln und Fleisch auf, Ogun und Orhossi werden hingegen mit Knochen identifiziert. Ein weiteres *ashé* Shangôs ist die Fähigkeit, beim Töten rotes Blut zu vergießen. Und weil vergossenes rotes Blut ein *ashé* Shangôs ist, ist er ebenso ein Orishá des Lebens wie jene weiblichen Orishás, die ihr *ashé* aus dem roten Blut der Menstruation beziehen. Obgleich ein furchtloser Orishá, mag Shangô dennoch keine Knochen, weil sie kalt und trocken sind. Als Orishá des Fleisches ist er das männliche Gegenstück zu den weiblichen Orishás der Fruchtbarkeit wie Naná, Oshun und Yemanjá. _____ Oyá und Shangô hatten neun Kinder. Die ersten acht waren von Geburt an stumm. Das neunte, Egun, konnte nur mit einer unbekannten Stimme sprechen, die weder menschlich noch tierisch noch die eines Gottes war. Es war die Stimme der Toten, die bei den seltenen *terreiro*-Seancen für Tote vernommen werden kann; eine rauhe, heisere Stimme, die eher aus dem Sarg als aus dem Mund zu kommen schien. In Yoruba Nagô bezeichnet Egun oder Egungun den »Verstorbenen«. Demnach verkörperte Egun, der Sohn eines Orishá der Fruchtbarkeit (Oyá) und eines Krieger-Mörder-Ori-shás (Shangô) das Prinzip der Welt der Toten. Im Gegensatz zu seinem Vater Shangô, der vor den Gebeinen der Toten zurückschreckt, ist seine Mutter Oyá die einzige Orishá mit einer Verbindung zum Reich der verstorbenen Ahnen. _____ Omolu, auch Babaluaiyé, Abaluaiyé oder Obaluaiyé genannt, ist der Orishá der Epidemien. Da es für ihn nicht viele Kulte gibt und er folglich nicht mit Opfergaben besänftigt werden kann, bedroht er die Menschen häufig mit Krankheiten. Babaluaiyé heißt wörtlich »Vater des Reichs des Sichtbaren«. Omolu wird mit dem Heiligen Lazarus identifiziert, dessen Wunden Hunde lecken. Er kann Krankheiten sowohl verursachen als auch heilen und ist in Brasilien als »Doktor der Armen« bekannt. Im volkstümlichen Candomblé wurde eine Verbindung zwischen Omolu und Tod hergestellt, die weder aus den afrikanischen noch brasilianischen Mythen bekannt ist. Er wird »Vater der Friedhöfe« genannt. _____ In den unterschiedlichen *terreiros* und Regionen Brasiliens gibt es eine Vielzahl an Orishás, die verehrt werden, gleichwohl lässt sich ein gemeinsamer Bestand landesweit feststellen: es sind die Orishás Oshalá, Naná Buruku, Shangô, Eshu, Yemanjá, Ogun, Oshossi und Oshun. Einige wenige Geister, die der afrikanischen Kosmologie fremd waren, wurden in die afro-brasilianischen Rituale der Geistbesessenheit aufgenommen, besonders in jene Strömung, die unter dem Namen Umbanda bekannt ist. Zu den Geistwesen, die keinen Orishá-Status haben, gehören die *pretos velhos* (»alte schwarze Männer«), die Seelen ehemaliger afrikanischer Sklaven in Brasilien. Weitere, in Brasilien geborene Geistwesen sind die *caboclo* (Mestizen der Weißen und Indianer) oder die Tupi-Indianer.

Möglicherweise ist es heute weit schwieriger als je zuvor, von Religion im Singular zu sprechen. Glaubensinhalte und -praktiken, die die Vielfalt religiösen Erlebens bilden, sind der von den großen Weltreligionen – Christentum, Judentum, Islam, Buddhismus, vielleicht sollte man auch den Konfuzianismus dazu zählen – vorgegebenen Erfahrung entlehnt, aber auch aus Traditionen außerhalb derselben übernommen worden. Religiöse Praktiken wie die afro-amerikanischen Kulte sind neue und zusätzliche Beiträge zur allgemeinen Definition von Religion. Staatsbürgerlich-verantwortungsvoller Lebenswandel wie Körperpflege und Gesundheitskultur weisen Aspekte religiösen Verhaltens auf, man denke nur an Askesepraktiken (Kasteiung) mit dem Ziel, das Heil zu erlangen (Erlösung bzw. Verlängerung des Lebens). Indes sind auch die großen traditionellen Religionen in

5/209 Oshun *verkörpert das Prinzip der Weiblichkeit und des Friedens. Federn und Schuppen gehören zu den ihr häufig dargebrachten Opfergaben, da sie als Fisch einst in einen Vogel verwandelt wurde.*

einem solchen Maße fragmentiert und diversifiziert – zwei Beispiele mögen genügen: die buddhistische Heiligenverehrung in Thailand und die Zusammenkünfte des »Heilens durch Glauben« in katholischen Kirchen – dass sie die Umgestaltung und Vervielfältigung der religiösen Erfahrung mit Zusätzen betreiben, die gemessen an bislang zulässiger religiöser Praxis vor kurzem noch undenkbar gewesen wären. Gotteshäuser aller Konfessionen leeren sich in dem Maße, wie die Liturgie nicht auf Belange des Alltagslebens eingeht. Der offensichtlich materialistische Zug, den manche in der gegenwärtigen religiösen Praxis erkennen, mag sehr wohl eine Wiederbelebung des Glaubens in der Gegenwart bewirken. Die Nemesis religiösen Glaubens ist nicht der Niedergang der Religion, sondern der tele-technizistische Kapitalismus, der die religiöse Suche nach Gerechtigkeit durch einen Dezisionismus verdrängt hat, welcher auf moralische Werte und das Verlangen nach Transzendenz verzichtet und sie durch die Befriedigung der Begehrlichkeit mit Hilfe des Warenkonsums ersetzt. In diesem Szenario, das für das ausgehende 20. und den Beginn des 21. Jarhunderts typisch ist, gewinnt Religion als Ort des Widerstands gegen den Warencharakter des Lebens an politischer Bedeutung. _____ Aber ist es der Religion überhaupt noch möglich, im alltäglichen praktischen Leben an eine Ethik zu appellieren? Das Wort »Religion« kommt vom lateinischen religare und bedeutet »zurückbinden«, »wieder verbinden«; das Selbst mit dem Anderen in Frieden, Geduld, Toleranz, Bescheidenheit und Nachsicht verbinden. Ist die Forderung, die Würde und Einzigartigkeit des Anderen anzuerkennen, wie sie von so manchen in diesem Jahrhundert, von Martin Buber bis Emmanuel Lévinas, erhoben wurde, leer und bedeutungslos geworden? Die Tatsache, dass Religion »wieder verbinden« bedeutet, heißt, dass die Verbindung immer schon verloren war. Vielfach spricht Religion vernehmlicher als Sprache und Nationalstaat. In der Kirche wird in Zungen gesprochen, Glaube ist multikulturell und multinational. So gesehen, losgelöst von den *res publicae*, kann Religion keine politische Botschaft formulieren und Programme und Projekte des Nationalstaats fordern. Wie kann sie eine ethische Forderung verfechten, ohne als Vorliebe einer bestimmten Gruppe trivialisiert und relativiert zu werden wie etwa bei der Wahl eines Fußballteams, für das einer schwärmt? Die Liturgie der Religionen jenseits der großen Weltreligionen wird selten zum leeren Ritual, weil diese Liturgien mehr als nur eine formale Angelegenheit, sondern Fragen nach dem Anderssein und nach Übereinstimmung mit sich selbst sind, weil sie sich auf den Anderen und das Andere richten. Götter, wie die Orishás im Candomblé, wurden bisher noch nicht als starre Geistwesen materialisiert, wie dies in den großen traditionellen Religionen geschah, und was Nietzsche den »Tod Gottes« nannte. In Religionen, die sich durch die Suche nach dem Anderen als dem Göttlichen auszeichnen, nach dem anderen Mann oder der anderen Frau, nach dem Anderen der Erde wie einem Baum oder einem Tier, gipfelt die Andersheit niemals in einer Totalität des Seins, in einem Gott. Die Suche wird von den Gläubigen, die von einer geistigen Macht besessen sind oder die Gnade der Heilung erfahren haben, gelebt und bleibt dementsprechend offen wie das weltliche Leben. Was in diesen nicht-modernistischen Religionen manchen als primitiv und roh aufstößt, ist in Wahrheit ein Zeichen des Respekts für die Unverletzlichkeit des Mysteriums. Der teletechnizistische Kapitalismus meint, durch die Digitalisierung des religiösen Raums – des Himmels, des Universums, der Sonne, des Mondes, dem Innern – das Mysterium zu enträtseln. Die großen traditionellen Religionen sind dieser Spur gefolgt. Die Ansprache des Papstes oder das Interview mit dem Dalai Lama werden im Fernsehen gesendet und über das Internet verbreitet. Aber diese Botschaften im Cyberraum sind nicht Religion, sondern Politik der Kirchen. _____ Erlösung oder Errettung ist stets historisch definiert. Heutzutage bedeutet dies, unversehrt, gesund, sicher, unantastbar an Leib und Leben zu sein und, weit entfernt von jedem Gedanken an den Tod, stolz auf die eigene Verfassung, zu den Reichen und Mächtigen zu gehören. Dennoch bleibt Erlösung an das Problem der Sterblichkeit gebunden, auch wenn die Technologie von der Beschäftigung mit dem Tod durch das Versprechen, diesen hinauszuzögern, und indem sie das Töten und den Tod zu einem tele-digitalen »Event« macht, ablenkt. Statt am Abzug zu ziehen, drückt man auf den Knopf, und an Stelle des Todes kommt eine unterhaltsame Darstellung oder eine Nachricht heraus. Der Tod ist ein Mysterium. Der Andere ist ein Mysterium. Indem sie das

Mysterium religiöser Erfahrung bewahren, halten die nicht-modernen Religionen wie die afro-brasilianischen Geistbesessenheitskulte die Frage nach dem Tod und dem Anderen lebendig. Solche Fragen kommen in Sätzen »Wie soll ich mein Leben führen?« und »Worin liegt meine Verantwortung gegenüber dem Anderen?« zum Ausdruck. Es sind also immer dieselben Fragen nach dem ethischen Imperativ, die auf diese Weise weiterleben.

Prozession mit Babalu Ayé/Heiliger Lazarus, Havanna (Kuba), 1996, AP Photo/Canadian Press

DIE RELIGION IST NUR EIN EIN LÄCHELN, DAS ÜBER DEM ALLGEMEINEN UNSINN SCHWEBT,
WIE EIN ALLERLETZTES PARFUM ÜBER DEN WELLEN DES NICHTS. DARUM HÄLT SICH DIE
RELIGION, WENN ALLE ARGUMENTE ERSCHÖPFT SIND, AN DIE TRÄNEN. NUR SIE BLEI-
BEN ÜBRIG, UM FÜR DAS GLEICHGEWICHT DES UNIVERSUMS UND DIE EXISTENZ GOTTES,
WENN AUCH NUR WENIG, ZU SORGEN. WENN EINMAL DIE TRÄNEN AUSGEWEINT SIND,
WIRD AUCH DIE SEHNSUCHT NACH GOTT ENDEN.

E. M. CIORAN, VON TRÄNEN UND HEILIGEN

073

Frederic Bellay, Badende im Meer

EIN UND DERSELBE MOND SPIEGELT SICH
IN ALLEN WASSERN.
ALLE MONDE IM WASSER
SIND EINS IN DEM EINEN EINZIGEN MOND.

04_ ein ozeanisches gefühl)

5/240 **Fußabdruck Buddhas** *Der Heilige Fußabdruck gehört zu den ältesten Symbolen des vor allem in Burma praktizierten Buddhismus. Der Stein ist mit 108 Glückssymbolen bedeckt, in der Ferse ist das Lebens- und Schicksalsrad abgebildet.* London, The British Museum

EVA MARIA THIMME_____

Eben so den Anblick des Ozeans nicht so, wie wir, mit allerlei Kenntnissen (die aber nicht in der unmittelbaren Anschauung enthalten sind) bereichert, ihn denken; etwa als ein weites Reich von Wassergeschöpfen, als den großen Wasserschatz für die Ausdünstungen, welche die Luft mit Wolken zum Behuf der Länder beschwängern, oder auch als ein Element, das zwar Weltheile von einander trennt, gleichwol aber die größte Gemeinschaft unter ihnen möglich macht, vorstellen, denn das giebt lauter teleologische Urtheile; sondern man muß den Ozean bloß, wie die Dichter es thun, nach dem, was der Augenschein zeigt, etwa, wenn er in Ruhe betrachtet wird, als einen klaren Wasserspiegel, der bloß vom Himmel begrenzt ist, aber ist er unruhig, wie einen alles verschlingenden drohenden Abgrund, dennoch erhaben finden können. —— KANT, KRITIK DER URTEILSKRAFT, § 29. ——— An einem Freitag entdeckte Robinson Crusoe im Sand der unbewohnten Insel, auf die er sich nach erlittenem Schiffbruch hatte retten können, die Spur eines menschlichen Fußes. Die abgrundtiefe Angst vor dem zunächst unsichtbar bleibenden Mitbewohner des Eilands wich erst, nachdem er diesem schließlich begegnet war, und wandelte sich allmählich in Vertrauen und Zuneigung. Ja es erwies sich der Andere nicht nur als nützlicher Helfer beim ständig geführten Kampf ums Überleben in der Wildnis, er war recht eigentlich die Verkörperung einer Garantie, einst wieder nach Hause zu gelangen, gerettet zu werden. ――― Spuren des ganz Anderen, des Göttlichen, hat die Menschheit von Anbeginn ihrer langen Geschichte entdeckt. Dabei blieb der beim ersten Anblick der Zeichen – sie mochten unabsichtlich gefunden oder vorsätzlich gesucht worden sein – empfundene heilige Schrecken noch dann bestehen, als sich die Liebe und Güte der göttlichen Macht erwiesen hatte und das wechselseitige Verhältnis in die geregelt-verbindliche Form eines »Bundes« oder »Vertrages« gefasst worden war. Im Sakraldienst erwies der Mensch seine Achtung und Verehrung dem Heiligen, um sich zugleich im Ritual, beim Gebet oder durch Sakramente gesegnet zu sehen. Im Bewusstsein, dass bei Verletzung der getroffenen Übereinkunft sich Segen in Fluch, Liebe in Zorn verkehren konnte, blieb die grundsätzlich vertrauensvolle Einstellung des Menschen gegenüber dem Heiligen doch ambivalent. Ein fernes Echo klingt noch im biblischen Ausdruck für Gottesfurcht nach: *yir'at schamayim*, wörtlich Furcht vor dem Himmel, bezeichnet die Verschränkung von Verehrung und ahnungsvoller Demut angesichts der göttlichen Allmacht. Kaum ein mittelalterlicher jüdischer Kommentator von Tora, Psalmen und Propheten versäumte darauf aufmerksam zu machen, dass etymologisch das Wort *yir'ah* (Furcht) mit den entsprechenden hebräischen Begriffen für »sehen« und »erkennen« bzw. die prophetische Vision verbunden sei. ――― Das Aufspüren und Erkennen der Zeichen göttlichen Wirkens in der Welt ist in die Geschichte der Menschheit eingeschrieben, und augenscheinlich ist diese Suche noch nicht abgeschlossen, ebenso wenig wie das Aufsuchen von Stätten, an denen einst solche Spuren hinterlassen wurden. Gesegnete, wundersam wirkende Wasser und Steine, Wallfahrtsorte mit den in ihren Tempeln und Kirchen geborgenen Reliquien, beispielsweise das Grabtuch des Religionsstifters, die Hand eines Märtyrers, der Fußabdruck des Erleuchteten Buddha, aber auch der Anblick des Regenbogens oder der schmalen Sichel des jungen, zunehmenden Mondes – all dies sind Äußerungen des Numinosen, Materialisierungen des Spirituellen. Sie wecken das Bedürfnis nach physischer Nähe und Teilhabe oder erinnern an die einst gestiftete Verbindung zwischen Himmel und Erde. Orte, Objekte und natürliche Phänomene werden unter anderem Blickwinkel, auf höherem Niveau und mit auratischem Glanz umgeben gesehen; den Pilger, Beter oder Büßer erfasst das bestimmte, indes jeder Beschreibung sich entziehende Empfinden des Erhabenen, einer tranzendenten Glückseligkeit. ――― Dabei liegt es in der Natur dieses Glücksempfindens beschlossen, dass von ihm nicht alle Menschen und zur selben Zeit ergriffen, sondern im Gegenteil schrille Dissonanzen und tragische Zerwürfnisse ausgelöst werden. Und so haben sich von jeher und bis in die Gegenwart an solchen Stätten und über jene Begebenheiten, die das »ozeanische Gefühl« symbolisieren oder hervorrufen, blutige Konflikte entzündet, in deren Verlauf die jeweils verehrten Heiligtümer nicht selten entweiht oder unwiderbringlich zerstört wurden. Es steht zu befürchten, dass heilige Orte und heilige Bräuche auch in Zukunft durch kriegerische Konfrontationen gefährdet werden. Nicht minder prekär für ihre Integrität dürfte sich indes ihre vergleichsweise gewaltlose Vereinnahmung durch jene seit einigen Jahrzehnten zu konstatierende, ebenso diffus wie energisch betriebene Suche nach Spiritualität und Transzendenz, nach dem »ozeanischen Gefühl« erweisen. ――― Die als sakrale Koordinaten in die Topografie einer bestimmten Religion eingezeichneten Stätten – und bis zu einem gewissen Grade auch die mit diesen verbundenen Riten – werden gleichsam deckungsgleich und mehrfach besetzt, sei es, um einem diesbezüglich konstatierten Defizit abzuhelfen, sei es, um der eigenen praktizierten Tradition neue Impulse zuzuführen. Längst liegen über den Pilgerrouten nach Santiago de Compostela säkulare Wanderwege. Tibetanische

ZAUBERBLUMEN SUMMTEN. DIE ABHÄNGE SCHAUKELTEN IHN. TIERE VON SAGE HOHEN MEER, DAS EINER EWIGKEIT HEISSER TRÄNEN ENTFLOSSEN WAR.

und christliche Klöster bieten sich ganzjährig oder saisonweise als spirituelle Wellness-Stationen und Meditations-Hotels an. Kathedralen und Pagoden, wiewohl noch in ihrer ursprünglichen Funktion erhalten, werden zu Museen sakraler Kunst und touristischen Sehenswürdigkeiten. Die Gipfel des Himalaya, Sitze von Göttern und Dämonen und deshalb seit jeher für Menschen mit striktem Tabu belegt, sind immer noch Quelle der religiösen Imagination und Symbol für die Erhabenheit der göttlichen Mächte - zugleich aber auch der Ort, an dem Sportler unterschiedlicher Disziplinen in wagemutigen Unternehmungen das Empfinden von Größe, von kosmischer Weite, von der Einbindung in das Universum hervorrufen. _____ Man mag die Profanierung heiliger Stätten und die Banalisierung ehemals rein religiöser Riten mit Fug und Recht beklagen. Sie zeigen indes den weltweiten, regional in unterschiedlicher Intensität und Geschwindigkeit sich vollziehenden Wandel des spirituellen Lebens und Erlebens an, gewissermaßen deren Umverteilung und Neuordnung entsprechend den wechselnden individuellen Bedürfnissen. Es handelt sich hier um den Übergang, wie der französische Historiker Paul Veyne pointiert formulierte, von »einer kollektiven Religion, welche ein ganzes Volk (...) als *Menu* erhält, zu einer Religion *à la carte*, bei der sich jeder den Gott oder die Sekte aussucht, die er will«. Man möchte den Gedanken weiterführen: Ohne Rückgriff auf übernommene Versatzstücke der religiösen Praxis verbindlich gefasster Konfessionen wählt sich jeder eine Lebensweise, die auf gemeinsamen ethischen Prinzipien aller Weltreligionen und den der Aufklärung des späten 18. Jahrhunderts geschuldeten Menschenrechten fußt. _____ Kennzeichen dieser gleichsam *à jour* gebrachten Religiosität ist also nicht oder nicht zwangsläufig ein Verlust an Glaubensintensität, sondern die selbst getroffene Auswahl und Bewertung spiritueller Verhaltensmuster, die zum wirklichen Erfahren und vitalen Empfinden des Numinosen führen. Dem Bedürfnis nach individueller, *à la carte* gewählter Spiritualität entspricht nicht nur ein kontinuierlich changierendes Spektrum an wiederentdeckten älteren oder sehr alten Sakraltraditionen und immer neuen, dem Zeitgeist entsprechend modisch gestalteten Sekten, sondern auch ein von allen Weltreligionen, und, wie es scheint, insbesondere den christlichen Konfessionen ständig erweitertes Sortiment zulässiger bzw. empfohlener Glaubensinhalte und Lebensweisen. Das auf den ersten Blick positiv anmutende Überangebot, das spirituellen Reichtum und grosszügig gewährte Gleichrangigkeit unterschiedlichster Strömungen innerhalb einer Konfession demonstriert, hat freilich zu einer Beliebigkeit und Zersplitterung von Glaubensinhalten und Lehrmeinungen geführt. Diese lassen die ursprünglich gefügte Einheit allenfalls erahnen; den zu einem Ganzen gebündelten Dogmen, Riten und Symbolen wird die existenzielle *raison d'être*, ihre Glaubwürdigkeit im wortwörtlichsten Sinne entzogen. _____ Es ist eine unter Religionswissenschaftlern, Soziologen und Theologen engagiert diskutierte Frage, ob die Individualisierung und Fragmentierung der Religiosität – eben das konfessionell unspezifische »ozeanische Gefühl« – Indizien einer um sich greifenden Säkularisierung und irreversiblen atheistischen Tendenz darstellen oder Übergangssymptome bei der Neuformierung von Glaubensinhalten aus einem unerschöpflichen Vorrat. Eine Antwort dürfte insofern schwierig sein, als diese Phänomene sich als Beginn einer neuen Religiosität interpretieren lassen, als Geburtsschmerzen eines in Umrissen erst erkennbaren andersartigen Verständnisses von Gott, der Welt und den Menschen, aber eben auch als Beweise für Glaubensnot und Sinnkrise, gleichsam als Phantomschmerzen verlorengegangener Werte und Orientierungen. _____ Wer vermag zu beurteilen, ob angesichts von Zeichen und Wundern, bei kollektiv oder individuell empfundenen »großen« Gefühlen die flüchtig-vergängliche Spur, sozusagen der Negativabdruck einer längst ver-

HAFTER FEINHEIT LIEFEN UMHER. WOLKEN BALLTEN SICH ÜBER DEM_____

_ein ozeanisches gefühl

_____ ARTHUR RIMBAUD, ENFANCES II _ ÜBERTRAGEN VON GERHART HAUG gangenen, unmittelbahr wahrgenommenen Existenz verehrt wird oder tatsächlich die positive Gestalt des ganz Anderen, des Heiligen. Vielleicht sollten die zum Teil ungewöhnlichen und gelegentlich geradezu bizarren Äußerungen des »ozeanischen Gefühls« weniger als Versuch gedeutet werden, Antworten zu finden, als vielmehr die richtige Frage zu formulieren. Denn möglicherweise wurden schon zu viele Antworten auf eine überhaupt nicht gestellte Frage gegeben - worauf die letzten Worte der sterbenden Gertrude Stein verweisen, mit denen sie sich an einen bei ihr wachenden Freund wandte: »What is the answer?« In das verlegene Schweigen fragte sie weiter: »In that case, what is the question?«

1 5/182 **Grabpfosten von der Insel Buton** *Abgebildet sind alle Wesen und Dinge, die im Leben des Verstorbenen von Bedeutung waren. Das Seelenschiff hat zwei unterschiedlich große Masten und einen weitausladenden, hohen Bug. Dort und am Heck stehen menschliche Figuren, auf den Mastspitzen hocken vogelähnliche Wesen.* Frankfurt am Main, Museum für Völkerkunde **2** 5/183 **Grabpfosten von der Insel Buton** *Auf der Spitze des Grabpfostens steht ein Seelenboot mit turmartigem Aufbau am Heck. Der Mast fehlt. Aus den Luken wie auch aus den Fenstern des darunter abgebildeten Wohnhauses sehen Menschen heraus.* Frankfurt am Main, Museum für Völkerkunde **3** Gerrit Grigoleit, Skizze für Raum 7, »Ein Ozeanisches Gefühl«

)»dies ›ozeanische‹ gefühl...« – anmerkungen zu einer neueren bestimmung von religion—— KARL-HEINZ KOHL

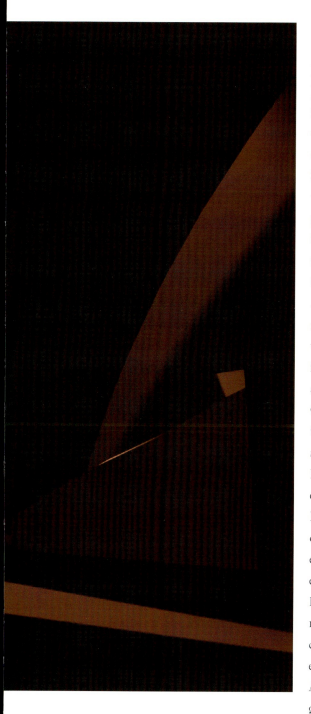

→ I. Religion zählt mit zu den Begriffen, die uns so geläufig geworden sind, dass wir uns über ihre Herkunft und ursprüngliche Bedeutung kaum mehr Gedanken machen. Jedermann scheint zu wissen, was Religion ist. Religionen – das sind für uns zunächst das Judentum, das Christentum und der Islam, der Hinduismus, und der Buddhismus, die fünf Weltreligionen also. Ohne zu zögern reden wir aber auch von der Religion der alten Griechen und Perser, der Inuit, der Yoruba oder der Sioux. Tatsächlich ist die Verwendung des Begriffs jedoch keineswegs so selbstverständlich. Die meisten außereuropäischen Sprachen kennen keine einheitliche Bezeichnung für all die Erscheinungen, die bei uns unter diesen Begriff subsummiert werden, und in seiner heutigen universellen Bedeutung gebrauchen auch wir ihn erst seit wenigen hundert Jahren. (Kehrer 1998) ——— Cicero, der ihn in seiner um 40 v. Chr. verfassten Schrift *De natura deorum* erstmals ausführlicher erörtert und aus dem Wort *relegere* »sorgsam beachten« ableitet, verstand unter *religio* die strikte Observanz und genaue Ausführung der seit alters her überlieferten kultischen Praktiken. *Religio* – das war für ihn in erster Linie die Religion der Römer. Die Kirchenväter gaben einer anderen Etymologie den Vorzug. Den Begriff von *religare* »zurückbinden« herleitend, war für Lactantius *religio* das Bindeglied zwischen Mensch und Gott. In diesem Sinn gab es für die Kirchenväter nur eine wirkliche Religion, das Christentum, gegenüber dem ihnen alle anderen Glaubenssysteme als »falsche Religionen« erschienen. ——— Nachdem das Christentum zur römischen Staatsreligion geworden war, gebrauchte man den Begriff über ein Jahrtausend hin nur im Singular, und wenn man nach der Kirchenspaltung von *religiones* sprach, dann verstand man hierunter zunächst nur die einzelnen christlichen Konfessionen. Die Juden galten als unbelehrbare Anhänger des alttestamentlichen Gottesglaubens und die Muslime als Ketzer, während man die Bewohner der afrikanischen Küste und der neuentdeckten Länder Amerikas und Asiens entweder als Satansdiener oder bestenfalls als »religionslos« ansah. ——— Eine neue Betrachtungsweise begann sich erst seit Ende des 17. Jahrhunderts durchzusetzen. Die Frühaufklärer entdeckten die Übereinstimmungen in den religiösen Praktiken und Vorstellungen aller Völker als Waffe im Kampf gegen das Christentum. War der chinesische Konfuzianismus – so fragte etwa Leibniz – nicht eine entschieden vernunftgemäßere Religion? Aber auch die Vertreter der Kirche konnten über die Ähnlichkeit fremder Kulte und Glaubensüberzeugungen mit den eigenen nicht länger hinwegsehen. Sie erklärten daher die »heidnischen« Religionen Amerikas, Asiens und Afrikas zu Verfallsprodukten der allen Menschen zu Anbeginn an gegebenen göttlichen Uroffenbarung. Die Philosophen der Aufklärung entwickelten ein in seinen Grundzügen ähnliches Konzept, indem sie von einer rationalen »natürlichen Religion« ausgingen, die im Verlauf der Geschichte durch den Priestertrug verfälscht und in den Dienst der Mächtigen gestellt worden sei. ——— Wie man zu der Frage der ursprünglichen Religion der Menschheit auch immer stand – das Christentum hatte jedenfalls seine privilegierte Position als *die* Religion verloren. Religion war als menschliche Universalie entdeckt worden. Den Begriff schrieb man fortan im Plural. Seit man auch den außereuropäischen Religionen hatte zugestehen müssen, wenn auch nicht die eine und wahre, so doch *Religion* zu sein, stellte sich freilich um so dringlicher die Frage, welche Gemeinsamkeiten allen diesen Glaubens- und Handlungssystemen gleichermaßen zugrunde liegen. Den Religionsbegriff in alter christlich-theologischer Tradition an den Gottesbegriff zu binden, erwies sich bald als unhaltbar. Eine der großen Weltreligionen wie der Buddhismus kommt in ihrer reinsten Form ohne eine dezidierte Gottesvorstellung aus, und sollte man den autochthonen Völkern Afrikas, Amerikas oder Ozeaniens, die zwar über eine Vielzahl von Ahnen- und Geisterkulten verfügen, denen aber die Idee von Göttern oder gar des einen und allmächtigen Gottes fremd ist, jede Religiosität absprechen? Als nicht weniger müßig stellten sich die von Seiten der Philosophie unternommenen Anstrengungen dar, Welterklärung und Ethik zu dem im Prinzip rationalen Kern aller Religionen zu erklären. Die Versuche, universal gültige und nicht primär von christlichen Vorstellungen geprägte Bestimmungen von Religion zu entwickeln, sind seither Legion. →11. Einer der ersten Versuche, Religion weder anhand von bestimmten Vorstellungen und Handlungen zu definieren noch sie auf Metaphysik oder Moral zu reduzieren, sondern sie statt dessen an ein universelles subjektives Empfinden zu binden, stammt von dem protestantischen Theologen Friedrich Schleiermacher. In seinen *Reden über die Religion an die Gebildeten unter ihren Verächtern* von 1799 schreibt er: »Ihr Wesen ist weder Denken noch Handeln, sondern Anschauung und Gefühl. […] Religion ist Sinn und Geschmack fürs Unendliche.« (35/36) ⸺ Schleiermacher schuf damit eine Traditionslinie, die die Reflexionen über den Religionsbegriff bis in die Gegenwart hinein bestimmen sollte. Die Apotheose des subjektiven Erlebens spielt in der Religionstheorie Max Müllers, des Begründers der vergleichenden Religionswissenschaft, eine ebenso zentrale Rolle wie bei Rudolf Otto, der in den ambivalenten Gefühlsregungen der heiligen Scheu, die durch die Begegnung mit dem Numinosen ausgelöst wird, den Ursprung aller Religion sieht. Und es klingt selbst noch im monumentalen Werk Mircea Eliades nach, des ein-

Wolfgang Schmidt, Betende in Fatima

flussreichsten Religionswissenschaftlers des 20. Jahrhunderts, der die Hierophanie oder Erscheinung des Heiligen in der Welt zum universalen Urerlebnis erklärt, das allen religiösen Schöpfungen zugrunde liege. ⸺ Auch Sigmund Freud machte dieser Auffassung eine Konzession, wenn er gleich im ersten Kapitel seiner Abhandlung über *Das Unbehagen in der Kultur* von 1929 aus einem Brief des Dichters Romain Rolland zitiert, in dem dieser »ein Gefühl, das er die Empfindung der ›Ewigkeit‹ nennen möchte, ein Gefühl wie von etwas Unbegrenztem, Schrankenlosem, gleichsam ›Ozeanischem‹« zur »Quelle der religiösen Energie« erklärt, »die von den verschiedenen Kirchen und Religionssystemen gefasst, in bestimmte Kanäle geleitet und gewiss auch aufgezehrt werde. Nur auf Grund dieses ozeanischen Gefühls dürfe man sich religiös heißen, auch wenn man jeden Glauben und jede Illusion ablehne«. (1974:197) Freud, der im übrigen feststellt, dass er »dies ›ozeanische‹ Gefühl« in sich selbst nie habe entdecken können (1974:198), nimmt Rollands Äußerung zum Anlass, die von ihm gewissermaßen als Ursprung aller Religiosität angesehene Empfindung eines schrankenlosen Einsseins mit dem Universum genetisch auf jene frühe Phase der Entwicklung der menschlichen Psyche zurückzuführen, in der noch allein das Lustprinzip herrschte und die Grenzen zwischen dem Ich und seiner Außenwelt noch nicht gezogen waren. _____ Für Gläubige ist Freuds Deutung des »ozeanischen Gefühls« als einer regressiven Form »religiöser Tröstung«, die auf die Wiederherstellung des uneingeschränkten Narzissmus der frühkindlichen Entwicklungsphase abzielt, sicher nicht akzeptabel. Aber auch wenn man sich dem Problem allein von der empirischen Seite nähert und die Frage ausklammert, ob sich dieses Empfinden auf eine wirkliche oder nur imaginäre Begegnung mit Gott, dem Numinosen oder dem Heiligen bezieht, bleibt der psychoanalytische Erklärungsversuch wenig befriedigend. Wäre das »ozeanische Gefühl« nämlich wirklich nicht mehr als eine regressive Flucht aus einer vom Realitätsprinzip beherrschten Welt, in der ein »fremdes, drohendes Außen« das Ich immer wieder auf seine Grenzen aufmerksam macht, dann müssten Zustände der Bedrängung, der Angst und der Versagung sein bevorzugter Ort sein. Tatsächlich aber stellt sich die Empfindung des Unbegrenzten und Schrankenlosen mehr oder weniger spontan und eben gerade nicht in bedrängenden, Angst erzeugenden oder verzweifelten Situationen ein. _____ Nicht von ungefähr hat schon Max Müller für die Entstehung der primären religiösen Gefühle die »Anschauung des Unendlichen im Endlichen« in bestimmten überwältigenden Naturerscheinungen verantwortlich gemacht. Die Betrachtung eines erhabenen Gebirgszuges oder einer idyllischen Naturlandschaft kann das »ozeanische Gefühl« ebenso hervorrufen wie die eines überragenden Kunstwerks. Noch weit häufiger aber wird es bewusst induziert. Übersieht Freud, dass die Entstehung des »ozeanischen Gefühls« an bestimmte situative und in aller Regel positive Emotionen auslösende Kontexte gebunden ist, so scheint Romain Rolland Ursache und Wirkung miteinander zu verwechseln, wenn er behauptet, dass es als »Quelle der religiösen Energie« in den Dienst der Kirchen und Religionssysteme gestellt und von diesen »aufgezehrt« worden sei. _____ Das genaue Gegenteil ist der Fall. Religiöse Kulte und Rituale instrumentalisieren die »religiöse Energie« nicht, sondern sind vielmehr darauf angelegt, das »ozeanische Gefühl« überhaupt erst zu erzeugen. Das gilt nicht nur für solche Praktiken wie Trance, Ekstase und Meditation, die bewusst eine Auflösung der Ich-Grenzen anstreben, sondern wohl unterschiedslos für alle religiösen Gemeinschaftshandlungen. Hierauf hat bereits Emile Durkheim aufmerksam gemacht, der Religion als ein »solidarisches System von Glaubensvorstellungen und Handlungen« (1960:65) definierte, in der sich Gesellschaft gewissermaßen selbst anbetet. Gemeinsames Beten, Singen oder Tanzen, das gemeinsame Opfer und das gemeinsame Mahl haben noch in jeder Religion ihre Rolle gespielt. Im religiösen Kult findet durch das Gemeinschaftserleben eine Gleichrichtung der Gefühle statt, die zur subjektiven Empfindung einer Verschmelzung der Grenzen zwischen dem Ich und den Anderen führt. Im archaischen Blutopfer erfolgt sie über die Identifikation mit dem Opfertier, auf das die gemeinsame Schuld geladen wird. Im christlichen Abendmahl ist es die durch eine Gemeinschaftshandlung evozierte Erinnerung an den Opfertod Christi, die das Erlebnis des Einswerdens der Gläubigen zu einer einzigen Gemeinde erzeugt. Die geschlechtliche Vereinigung, die nach Georges Bataille wohl die elementarste Form der Überschreitung und der Aufhebung der Ich-Grenzen überhaupt darstellt, hat sicher nicht von ungefähr in vielen vorderorientalischen Religionen als ein heiliger Akt gegolten – eine Auffassung, die in der katholischen Vorschrift des Zölibats in sublimierter Form einen späten Widerhall findet:

Der Priester hat sich allein der Liebe zu Gott und zu seiner Gemeinde zu widmen. _____ Religionen beziehen sich auf ein Transzendentes. Sie suchen die Trennung zu jenem, wie auch immer gefassten Anderen, durch rituelle Handlungen zu überwinden. Das Gefühl »von etwas Unbegrenztem, Schrankenlosem, gleichsam ‚Ozeanischem'«, das die religiöse Praxis durch das Gemeinschaftserleben erzeugt, scheint indes darauf hinzuweisen, dass jenes Transzendente nichts anderes ist, als die religiöse Praxis selbst. →111. Religionen sind komplexe und vielschichtige Gebilde. Es käme allein schon von daher gesehen einer unzulässigen Vereinfachung gleich, das »ozeanische Gefühl« zu ihrem eigentlichen Wesenskern zu erklären. Die Bedeutung, die der Empfindung der Überschreitung sowohl von gläubigen Theologen und Religionswissenschaftlern wie Friedrich Schleiermacher, Max Müller, Rudolf Otto oder Mircea Eliade als auch von Agnostikern wie Sigmund Freud, Emile Durkheim oder Georges Bataille zugemessen worden ist, zeigt jedoch, dass sie bei einer zureichenden Bestimmung dessen, was Religion sei, nicht vernachlässigt werden darf. Sie ist zweifellos eines der Elemente, aus denen bisher jede Religion ihre Kraft und ihre Energie bezogen hat. _____ Ist die hier vertretene Auffassung richtig, dass das euphorische »ozeanische Gefühl« bevorzugt durch das Gemeinschaftserleben des religiösen Rituals erzeugt wird, dann würde uns dies auch einen Schlüssel für die Erklärung der Frage an die Hand geben, weshalb sich in der gegenwärtigen Situation eines globalen Konkurrenzkampfes zwischen den unterschiedlichsten Ideologien und Handlungssystemen einige Religionen als überlegen erweisen, während andere ihre Anhänger in Scharen verlieren. Im Christentum hat der neuerliche Prozess seiner Theologisierung und Intellektualisierung dazu geführt, dass die Handlungsseite der Religion zunehmend vernachlässigt worden ist. Diese Entwicklung hatte zunächst in den protestantischen Kirchen ihren Anfang genommen. Mit den Reformen des Zweiten Vatikanischen Konzils hat sich in den sechziger Jahren auch die Katholische Kirche dem damals vorherrschenden Zeitgeist nicht mehr länger verschließen wollen und dadurch faktisch zu einer Entwertung des christlichen Kultes beigetragen. Zwischen dem Zulauf, den die unterschiedlichsten Sekten christlicher und nicht-christlicher Provenienz mit ihrer Betonung des religiösen Gemeinschaftserlebnisses seither gefunden haben und dem tendenziellen Antiritualismus der Amtskirchen besteht zweifellos ein Zusammenhang. Während der Verzicht auf das Lateinische als die universale Liturgiesprache und die Enkulturationspolitik der Katholischen Kirche einer kulturellen Partikularisierung den Weg gebahnt haben, der heute in deutlichem Widerspruch zur kulturellen Globalisierung steht, ist der Islam genau den umgekehrten Weg gegangen. Der sogenannte Fundamentalismus wendet sich gegen alle kulturell heterodoxen Strömungen, er unterstreicht den universalen Anspruch der Verkündigung Mohammeds und er hat darüber hinaus zu einer Wiederbelebung und Verstärkung der rituell-religiösen Elemente beigetragen, von den Kleidervorschriften angefangen über die Fastenregeln bis hin zur strengen Observanz des fünfmaligen täglichen Betens. Hat man einmal beobachten können, wie auf einem abgelegenen westafrikanischen Markt pünktlich zum Nachmittagsgebet alle Händler ihre geschäftigen Tätigkeiten unterbrechen, um sich – wie zum gleichen Zeitpunkt Millionen von Gläubigen in aller Welt – ihren rituellen Waschungen zu unterziehen und im Gebet gegen Mekka zu verbeugen, dann versteht man auch, woraus der Islam gerade heute seine Kraft bezieht. _____ In den westlichen Ländern hat der Prozess der Säkularisierung hingegen dazu geführt, dass das rituelle Gemeinschaftserleben, dessen Erfüllung die Kirchen zunehmend zu versagen scheinen, in Massenveranstaltungen, bei politischen Kundgebungen oder auch den in Sportarenen gesucht wird. Kultischen Ursprungs waren indessen schon die sportlichen Wettbewerbe, die im antiken Olympia zu Ehren der Götter veranstaltet wurden, und auch die Gladiatorenkämpfe, das große Massenvergnügen im alten Rom, gehen auf religiöse Rituale der alten Etrusker zurück. Von hierher ließe sich argumentieren, dass die großen Massenveranstaltungen, deren verheerende Folgen die Geschichte der ersten Hälfte des 20. Jahrhunderts gekennzeichnet haben, eigentlich nur Säkularisate darstellten, die sich überkommener religiös-ritueller Formen bedienten, um das Gefühl des grenzenlosen All-Einsseins zu evozieren und in den Dienst inhumaner Ideologien zu stellen. Genauso gut ließe sich aber auch der umgekehrte Schluss ziehen. Sollte das auf die unterschiedlichsten Weisen induzierbare »ozeanische Gefühl« schon vor aller Religion existiert haben, so waren es die Religionen, und die großen Weltreligionen mit ihrer universellen ethischen Botschaft zumal, die es in vernünftige zivilisatorische Bahnen gelenkt haben.

Peruanischer Schamane »Eduardo« vor seiner Mesa. Photo: Douglas Sharon

085

❶ **Drei-Geist-Halle, Schamanenhalle** *Korea, Provinz Ch'ungch'onebuk-Do, Songnisan-Nationalpark, PoPchusa, Buddhistischer Tempel, gegründet 553. Foto: Peter Thiele* ❷ **Drei-Geist-Halle, Schamanenhalle** *Korea, Provinz Ch'ungch'onebuk-Do, Songnisan-Nationalpark, PoPchusa, Buddhistischer Tempel, gegründet 553. Mönch während einer Zeremonie. Foto: Peter Thiele*

PSALM

NIEMAND KNETET UNS WIEDER AUS ERDE UND LEHM,
NIEMAND BESPRICHT UNSERN STAUB. NIEMAND.

GELOBT SEIST DU, NIEMAND.
DIR ZULIEB WOLLEN
WIR BLÜHN.
DIR
ENTGEGEN.

EIN NICHTS
WAREN WIR, SIND WIR, WERDEN
WIR BLEIBEN, BLÜHEND:
DIE NICHTS-, DIE
NIEMANDSROSE.

MIT DEM GRIFFEL SEELENHELL,
DEM STAUBFADEN HIMMELSWÜST,
DER KRONE ROT
VOM PURPURWORT, DAS WIR SANGEN
ÜBER, O ÜBER
DEM DORN.

PAUL CELAN

❶ 5/241 Gewand und Ausrüstung einer solonischen Schamanin Übersee-Museum Bremen ❷ 5/58 Henkelbecher für Pessach *Einfacher Henkelbecher mit buntem Blumenkranz-Dekor und der hebräischen Bezeichnung »Für das Fest der ungesäuerten Brote« (i. e. »Pessach«) Wien, Jüdisches Museum* ❸ 5/60 Schofar *Der aus dem Horn eines Widders gestaltete und im allgemeinen sehr schmucklos gehaltene Schofar wird nur zweimal im Jahr geblasen: an Rosch ha-schana, dem jüdischen Neujahrsfest, ist der rauhe Klang gleichsam das Signal zu Buße und Reue; am Versöhnungstag (Jom ha-kippurim) erinnert er an den Bock, der in die Wüste getrieben wurde, um die Sünden des Volkes Israel fortzutragen. Wien, Jüdisches Museum*

EVA MARIA THIMME____

Sieben symbolische Speisen sind auf der Tafel angerichtet, an der am Seder-Abend, mit dem das jüdische *Pessach*-Fest beginnt, die um alleinstehende Freunde und auf Reisen befindliche Fremde erweiterte Familie Platz nimmt. Ungesäuertes Brot, ein kurz angebratener Knochen mit etwas Fleisch vom Lamm, ein hartgekochtes Ei, bittere Kräuter, Salzwasser, grünes Kraut von zumeist Wurzelgemüse und ein süßes Fruchtmus symbolisieren die Zeit der Sklavenarbeit in Ägypten und einzelne Begebenheiten vor der Flucht aus dem Land, von der die während des abend-füllenden Zeremoniells verlesene *Haggada* berichtet. Mit dem von allen Teilnehmern laut ge-sprochenen Wunsch, das Fest im nächsten Jahr in Jerusalem, d.h. nach dem Kommen des Messias zu begehen, endet die Feier. _____ Dieses in mythischer Zeit eingesetzte, nach der Zerstörung des Tempels in allen jüdischen Gemeinden der Diaspora unverändert beibehalte-ne und nach identischem Ritus begangene Fest stellt zweifellos ein faszinierendes religions-historisches Unikum dar, das in seiner Bedeutung für die spirituelle Einheit und emotionale Verbindung einer nahezu über den ganzen Globus versprengten Glaubens- und Schicksals-gemeinschaft kaum zu überschätzen ist. Die in ihrer Historizität kaum fassbare Vergangenheit wird mit der nicht weniger bestimmbaren messianischen Zukunft an diesem einen Abend vergegenwärtigt und sinnlich erlebt, gleichsam verkostet. _____ Das körperliche Wahrnehmen und auf kurze Zeit bemessene Einbinden der ewig-göttlichen Macht in die vergänglich-kreatürliche Lebenswelt des Menschen ist konstitutiv für jede Sakraltradition und wird nicht selten als verblasstes Abbild und schwaches Echo selbst dann noch nostalgisch erinnert und bewahrt, wenn die religiöse Bindung gelöst, die rituelle Praxis beendet wurde. Die mit allen fünf Sinnen erfahrbaren Ausdrucksformen des Heiligen sind gleichsam die Knoten in jenem Band, das Gott und die Menschen und diese wiederum untereinander zu einer von anderen Gruppen sich unterscheidende Gemeinschaft vereint: Glocken von Pagoden, Tempeln und Kirchen, die für bestimmte Feste charakteristischen Musikinstrumente und Litaneien; Weihrauch, Myrrhe und der Geruch symbolischer Speisen und Opfergaben; Ikonen und Skulpturen, insbesondere Lichter und Leuchten; rituell vorgeschriebene, besonders die gemeinschaftlich einzunehmenden Mahlzeiten zu Beginn und zum Abschluss eines Festes; das Berühren heiliger oder wunderwirkender Gegenstände, auch die Laien und Geistlichen zu bestimmten Anlässen oder ständig vorgeschriebene jeweilige Kleiderordnung, und nicht zuletzt die oft irreversible physische, die Zugehörigkeit zu einer Gruppe markierende Kennzeichnung durch Beschneidung, Tätowierung und rituelle Verstümmelung. _____ Grundsätzlich steht jeder Mensch unter dem Gebot der Heiligung seines Lebens, der immer wieder erneuerten und individuell herzustellenden dreiseitigen Verbindung zwischen dem Heiligen, den Mitmenschen und sich selbst. Priester und Propheten, Magier und Mönche mögen nach ihrer Berufung ihr Leben auf eine qualitativ höhere oder jedenfalls andere Ebene gehoben haben und müssen häufig strengere bzw. zahlreichere Gebote beachten – die das Dasein auch des geringsten »Laien« umgebende Aura als Abglanz der göttlichen Gegenwart wird dadurch nicht verdunkelt. _____ Den Laien, und unter diesen häufig den im allgemeinen von religiöser und weltlicher Bildung ausgeschlossenen Frauen kam – und kommt – bei Wahrung und Weitergabe insbesondere jener Traditionen große Bedeutung zu, die nach gewaltsam betriebener Konvertierung oder im Zuge ideologisch motivierter Unterdrückung nur heimlich praktiziert oder unbewusst-mechanisch an die folgenden Generationen übermittelt wurden. Auch hier sind es die einfachen, sinnlich erlebten Dinge, in denen das kollektive religiöse Gedächtnis keimartig aufgehoben bleibt: das zu einer bestimmten Zeit verzehrte Gericht, eine in ihrer Bedeutung nicht mehr bekannte Geste, ein instinktiv gewahrtes Tabu. Dem nach Abschneiden der Pflanze immer noch vitalen, unterirdisch sich weiter ausbreitenden Wurzelgeflecht oder einem Pilz-Mycel vergleichbar, haben sich in den vergangenen Jahrzehnten eine Reihe alter oder unterdrückter Kulte zu neuer Blüte entfaltet. Erinnert sei nur an das spektakuläre Auftreten der Falun-Gong-Gemeinschaft in China und den erfolgreichen Kampf der australischen Aboriginals um Rückgabe der ihnen heiligen Orte, die Wiederbelebung der Schamanen-Tradition in Sibirien und das Bemühen nord- und südamerikanischer Indianer, zur Lebensweise der Vorfahren zurückzukehren. Speisen und Getränke, Musik und Tanz, Kleidung und soziales Verhalten werden gleichsam aus der Asche der Säkularisierung ausgegraben und erhalten ihre ursprüngliche sakrale Funktion zurück. _____ Die in altamerikanischen Schöpfungsmythen und Märchen gepriesenen Gemüse Bohne und Kartoffel, Kürbis und vor allem der gleich mehreren Gottheiten heilige Mais sind Geschenke des Himmels und schaffen überall dort, wo sie gedeihen, ein Stück Paradiesgarten. Aus dieser fernen Gegend überbringt der durch heilige Halluzinogene in Trance versetzte Magier die neuesten Nachrichten. Die von ihm als Dolmetscher zwischen Menschen und Göttern empfangenen Botschaften dürften insofern glaubwürdig und authentisch sein, als seine Zeremonie durchaus ohne nostalgisch-traditionelle, nachgerade schon folkloristische Inszenierung auskommt, und die auf die wesentlichsten Elemente reduzierte archaische Tradition sich problemlos lokalen oder zeitbedingten Gegebenheiten anpasst. Auch die einst kostbar-kunstvoll gearbeiteten Zeremonialkostüme der sibirisch-mongolischen Schamanen finden sich längst eher in ethnologischen Sammlungen, während die gegenwärtig praktizierenden Magier und Seher das für den Ritus erforderliche Zubehör aus den ihnen zugänglichen natürlichen oder synthetischen Materialien und gelegentlich selbst aus Industrieabfällen fertigen. Die über Generationen tradierten komplizierten Rezepturen für berauschendes Räucherwerk oder therapeutische Getränke werden zum Teil mit modernen Ingredienzen zubereitet – die Vitalität der Tradition, die Effizienz der magischen Praxis bleibt von derlei Änderungen unberührt und wird, so scheint es, durch das Abwerfen

Talmudstudium beim Diamantschleifen, aus: Weiss/Neumeister, Die Frommen von New York, Kehayoff Verlag München 1993

kultischen Ballasts eher noch gesteigert. Die Gabe der Prophetie, die Befähigung zur Himmelsreise, zur Schau des dreistufigen Kosmos in seiner Einheit wird weiter erteilt und empfangen. _____ Auf jene Erkenntnis, oder genauer gesagt: sinnliche Wahrnehmung der universalen Gesamtheit von Schöpfung und schöpferischem Urprinzip zielt das Bemühen jeder religiösen Tradition ab. Sie mag sich in animistischem Kultus oder im Bekennen einer verborgenen, unendlich fernen und nur in ihren Ausdrucksformen erkennbaren göttlichen Kraft äußern, in der Verehrung der vier Elemente oder in einem umfänglichen System, das die fünf Sinne des Menschen mit dem Wechsel der Jahreszeiten, den Himmelsrichtungen und der Sphärenharmonie in ein enges Verhältnis setzt. Der Öffnung aller Sinne für die Vielfalt und Weite kosmischer Existenz entspricht die Reduzierung und Pointierung in einem Zeichen, Symbol oder Mal. Unmittelbar am Körper oder jedenfalls an der Kleidung getragen signalisiert es die öffentliche Identifizierung *mit*, zugleich die bewusst vollzogene Unterscheidung *von* anderen. Erkenntnis und Bekenntnis werden so »auf den Punkt« gebracht. Die unverwechselbaren Symbole der Weltreligionen, die Talismane und Amulette der ethnischen Traditionen, die Bevorzugung einer Farbe oder der Kombination mehrerer bestimmter Farbtöne in der Kleidung gehören zu diesen stumm-beredten Zeugnissen, auch die Abzeichen politischer Bewegungen, humanitärer Organisationen oder selbst modischer Strömungen. Und nicht zuletzt sprechen die Kennzeichen der in ihrem äußeren Erscheinungsbild modifizierten, ihrem Wesen nach unverändert gebliebenen archaischen Traditionen von der unvorhersehbaren Vergangenheit von Religionen.

❶

❷

❸

❶ **5/245 Gefäß in Form einer Bohne, Moche (Peru)** Staatliche Museen zu Berlin, Ethnologisches Museum ❷ **Schnupfrohr und Behälter für Schnupfpulver, Kolumbien, Vaupés-Gebiet** Linden-Museum Stuttgart ❸ **5/242 Schnupftablett mit Darstellung zweier Feliden** *Das Schnupftablett diente dem Schamanen zur Einnahme von halluzinogenen Drogen, z.B. zu Pulver zerstoßenem Samen. Die Darstellung der vermutlich als Jaguar zu deutenden Feliden verweist auf den Schutz- und Hilfsgeist des Schamanen, in den er sich bei seiner Reise ins Jenseits verwandelt.* Linden-Museum Stuttgart

05_1)inkarnation und inspiration in sakralen traditionen. zur sinnlichen wahrnehmung des heiligen—— DORIS KURELLA

Das Schnupftablett eines Schamanen der Recuay-Kultur Alt-Perus (3.–7. Jh. n.Chr.) steht in seiner künstlerischen Ausformung für das religiöse Weltbild eines Kulturraumes, der wohl wie kein zweiter langandauernden, tiefgreifenden und vor allem gewaltsamen Veränderungen unterworfen war. _____ Wir sprechen hier von einem Gebiet, das von Kulturwissenschaftlern und Geographen als »Zentraler Andenraum« bezeichnet wird. Es umfasst die Küsten- und Gebirgsregionen der Republik Peru und das Hochland Boliviens. Die kulturelle Entwicklung in dieser Region beginnt – nach heutigem Wissensstand – ungefähr 6000 Jahre nach der Besiedlung des amerikanischen Kontinents durch zentralasiatische Eiszeitjäger, die, ihrer Jagdbeute folgend, in mehreren Einwanderungswellen um 20 000 v.Chr. zunächst nach Nord- und schließlich auch Südamerika gelangt sind. Nachdem bis in das 3. Jahrtausend v.Chr. die Entwicklung in eher kleinen Schritten vor sich ging, findet man nun an der Küste und im Hochland Perus erste pyramidenähnliche Bauwerke aus getrockneten Lehmziegeln oder Stein-Lehm-Konstruktionen, ausgeschmückt mit Fresken, die mythische Wesen darstellen. Kollektive Kulte scheinen in dieser Zeit ihren Anfang genommen zu haben. Ebenfalls in diese Zeit fällt die Herstellung aus Baumwolle geflochtener Gewebe. Rund 1000 Jahre später, um 1800-1500 v.Chr., kommt es an der Küste Perus – der von Flussoasen durchzogenen trockensten Wüste der Welt – zu einer rapiden Beschleunigung der Kulturentwicklung, zu Sesshaftigkeit, Bewässerungsfeldbau, rasch ansteigendem Bevölkerungswachstum. Dieser Entwicklung vorausgegangen war die Kultivierung wichtiger Pflanzen wie Mais, Kürbis und Bohnen, die Grundnahrungsmittel nicht nur der Küstenbewohner Perus, sondern vieler indigener Völker des heutigen Lateinamerika waren und sind. Der einmal in Gang gekommene Prozess gipfelt 3000 Jahre später in der Entstehung des Inkareiches, das mit annähernd 5000 km Nord-Süd-Ausdehnung größte politische Gebilde der indigenen Neuen Welt. Die Inka erschienen bisher in einem eher verklärten, romantisierten Bild als unendlich reiche, über unvorstellbare Goldschätze verfügende Herrscher oder auch als grausame Herrscher, die, um den Göttern Genüge zu tun, Menschen in rituellen Handlungen opfern ließen. Sie erschienen als Übermenschen, die innerhalb von nur zweihundert Jahren ein riesiges Reich aus dem Nichts erschufen, aber auch als tragische Opfer der Eroberung durch die Europäer. _____ In den letzten zehn Jahren gelang es Forschern jedoch, ein realistischeres und sogar noch spannenderes Bild der Kulturen des zentralen Andenraumes zu entwerfen. Entdeckungen wie die der Fürstengräber von Sipán in der Nähe der Stadt Lambayeque in Nord-Peru sowie Ausgrabungen im Andenhochland, Studien alter Quellen aus dem 16. und 17. Jahrhundert und die Hinzuziehung naturwissenschaftlicher Analysemethoden innerhalb der Archäologie führten zu neuen Erkenntnissen. Die Inka waren demnach

❸

keineswegs aus dem »Nichts« entstanden, sondern ein, durch die in Amerika einfallenden Europäer, erzwungener Schlusspunkt einer jahrtausende dauernden Entwicklung, in der es ausgedehnte Königreiche wie das der Moche oder das ihnen nachfolgende von Chimor an der Nordküste Perus schon lange vor den Inka gegeben hatte. _____ Gemeinsam war allen diesen Kulturen, dass sie nie ein System entwickelt haben, auf das der Begriff »Schrift« anzuwenden wäre. Ein Grund hierfür könnte in der extremen Zersplitterung dieses Sprachraumes liegen, der vor der Eroberung durch die Inka von mehr als hundert, in zwanzig verschiedene Sprachgruppen unterteilten, Völkern bewohnt war. Erst die Inka vereinheitlichten die Sprache in weiten Teilen des Andenraums durch die Einführung des Quechua, das heute noch von ungefähr der Hälfte der Einwohner Perus gesprochen wird. Im Gegensatz zum Mayagebiet Südmexikos und Guatemalas, wo ein logosyllabisches Schriftsystem entstand, kam es im zentralen Andenraum zur Herausbildung von Symbol- und Formensprachen, die sich mit regionalen Varianten in den Küstengesellschaften, im angrenzenden Hochland und zum Teil bis in die Amazonasregion verbreiteten. Charakteristisch für diese Symbol- und Formensprachen ist, dass sie zumeist aus Kompositionen bestehen, deren herausragende Protagonisten die Raubkatze (zumeist Jaguar oder Puma), der Raubvogel (Kondor oder Harpiye-Adler), die Schlange (meist Anaconda) und der Mensch sind. Einzelne Elemente dieser »Darsteller« werden entnommen und zu neuen mythischen Wesen kombiniert. Auf diese Weise entstanden »gefiederte Schlangen«, menschliche Körper mit Raubkatzengesichtern, Schlangenhaaren und den Füßen eines Raubvogels. In all den Gegenständen aus Keramik, Holz, Stein und vor allem auch Textilien dominiert jedoch eine Komposition – menschliche Körper kombiniert mit Elementen des Jaguar – die auf eine enge Verbindung von beiden hinzuweisen scheint. →**der schamane und der jaguar** Was verbindet den Menschen mit dem Jaguar, was will uns diese seit präkolumbischer Zeit sicher mit mythischen Erzählungen verbundene Darstellung mitteilen? Auf der Suche nach Erklärungen stießen Forscher auf Berichte aus dem Gebiet des oberen Amazonas, dem Vaupés, in denen häufig von Mensch-Jaguar-Transformationen indianischer Schamanen die Rede ist. Der Begriff »Schamane« stammt ursprünglich aus der Sprache der Tungusen Sibiriens. Er beschreibt einen Menschen, der in der Lage ist, sich mit Hilfe einer Ekstasetechnik in Trance zu versetzen. Während dieser Trance kann seine Seele den Körper zu Himmels- und Unterweltfahrten verlassen und mit den dort sich be-

❶ **Ruinen der aus Lehmziegeln erbauten Hauptstadt des Reiches Chimor, Chan Chan (10.-15. Jh.n.Chr.).** *Ausdehnung ca. 20 qkm, ehemalige Einwohnerzahl ca. 100000,* Foto: Doris Kurella ❷ **Mondpyramide bei Trujillo, Peru, Moche-Kultur (3.-7. Jh.n.Chr.) und Moche-Huari-Kultur (7.-9. Jh. n.Chr.),** Foto: Doris Kurella

❶
❷

findlichen Gottheiten kommunizieren. Dieses Phänomen nennt man Seelenflug oder Seelenreise, neuerdings auch Wanderextase. _____ Der Schamanismus ist eng mit einem religiösen Weltbild verbunden, das wir ebenfalls im ganzen indigenen Amerika – und nicht nur dort – finden: das der beseelten Natur. Alles ist ein Lebewesen, hat eine Seele, verfügt über Energie, die dem Menschen nutzen, aber auch schaden kann. Ein Weltbild mit einem stark vertieften Naturbezug, das ihm gerade in heutiger Zeit in den Industrieländern im Zuge des »Neo-

Schamanismus« großen Zulauf oder zumindest erhöhte Aufmerksamkeit verschafft, was sich in Publikationen, Schamanenkongressen und -workshops niederschlägt. Ein weiterer wesentlicher Bestandteil dieses Weltbildes ist, dass bei jedem Menschen Körper und Seele getrennt sind und sich die Seele vom Körper ablösen kann. Allerdings geschieht dies bei »normalen« Menschen gewöhnlich unfreiwillig, während der Schamane diesen Vorgang kontrollieren kann. ———— Ein Schamane ist in der Lage, sich durch Ekstasetechnik einen Teil der Lebewesen, aus der die Natur besteht, als Hilfs- oder Schutzgeister zu unterwerfen und andere zu kontrollieren. Dieser Fähigkeit sind eine Reihe von Erlebnissen vorausgegangen, die ihn – oder sie, denn es gibt auch weibliche Schamanen – erst vom »einfachen« Menschen zum Schamanen machten. Die Qualität dieser Erlebnisse zeigt bereits, dass es sich bei Schamanen nicht vorrangig um privilegierte Personen handelt, obwohl sie in manchen Ländern durchaus zu Wohlstand gelangen können und bei einigen ethnischen Gruppen Stellungen mit erheblicher gesellschaftlicher und wirtschaftlicher Dominanz einnehmen, sondern um extrem leidvollen Erlebnissen und großer Verantwortung ausgesetzten Menschen. ———— Der Berufung zum Schamanen geht zumeist eine Grenzerfahrung voraus, in deren Verlauf er dem Tode ins Angesicht sieht. Schwere Erkrankungen physischer oder psychischer Art sowie Unfälle leiten häufig die Berufung zum Schamanen ein. Die Grenzerfahrung ist eine Berührung mit dem, ein erstes Kennenlernen des Jenseits, dem der Mensch noch einmal entronnen ist. Er ist von nun an in der Lage, diese Grenzerfahrung absichtlich zu wiederholen und mit dem Jenseits in Kontakt zu treten, wann immer es nötig erscheint. Diese erste Begegnung mit dem Jenseits kann auch während eines Traumes vor sich gehen, in dessen Verlauf der künftige Schamane von Gottheiten oder Geistwesen berufen wird. ———— Um den Vorgang der Seelenreise jederzeit auslösen und dann auch kontrollieren zu können, muss der künftige Schamane von einem erfahrenen Lehrer unterwiesen werden. Ist diese Unterweisung, die auch das Erlernen von Ekstasetechniken enthält, beendet, erfolgt die Initiation, die Schamanenweihe, der Schritt in das neue Dasein. Während dieser Zeremonie steht der künftige Schamane häufig unter Drogen und macht Erfahrungen, die ihn wiederum an den Rand des Todes bringen oder ihn zumindest vorübergehend das Bewusstsein verlieren lassen: Alpträume, zerschmettert oder zerstückelt zu werden, starke körperliche Schmerzen. Nach der Initiation stellt er seine Fähigkeiten in den Dienst der Gemeinschaft, wo er vorwiegend für die Heilung von Seelenleid verantwortlich ist. Krankheitsbilder folgen bei Gesellschaften des indigenen Südamerika oft dem Verständnis von »Seelenraub« oder »Seelenverlust«, die durch Schockerlebnisse oder auch Bösewilligkeit anderer ausgelöst werden. So ist der Schamane etwa für die Rückführung der geraubten Seele, die er aus dem Jenseits wiederholt oder einem bösartigen Dämon entreißt, zuständig. ———— Die Ekstasetechnik, die dem Schamanen erlaubt, in Trance zu fallen, setzt sich aus verschiedenen Elementen zusammen, die an Rahmenbedingungen durch eine genau festgelegte Struktur des Kosmos gebunden ist. Diese Struktur beinhaltet nicht nur die bereits angesprochenen Ober-, Diesseits- und Unterwelten, sondern auch eine Weltenachse oder einen Weltenbaum, der diese Welten miteinander verbindet und an dessen »Stamm« sich die wandernde Seele entlangbewegt. ———— Bei der Ekstasetechnik geht es darum, einen veränderten Bewusstseinszustand herbeizuführen. Dies geschieht in Südamerika mit Hilfe rhythmischer Musik (Schamanenrassel) aber auch – und in dieser Beziehung sind südamerikanische Schamanen »Weltmeister« – dem Einsatz von Halluzinogenen unterschiedlichster Beschaffenheit und Herkunft.

❶
❷

Wurden in anderen Kulturen gar keine oder nur eine sehr begrenzte Anzahl von Halluzinogenen eingesetzt, wie in der Alten Welt, so erlangten die indigenen Völker lange Zeit vor der Eroberung durch die Europäer Kenntnis von achtzig bis einhundert verschiedenen halluzinogenen Stoffen. Diese werden häufig aus Pflanzen gewonnen und dann zu besonders wirksamen Kombinationen zusammengemischt. ____ Tritt der Rauschzustand ein, nimmt der Schamane oft die Gestalt seines Schutz- oder Hilfsgeistes an. Das am häufigsten als Hilfsgeist oder gar Muttertier des Schamanen, sein *Alter Ego* im Jenseits, anzutreffende Tier im Amazonasgebiet ist der Jaguar. Der Schamane verwandelt sich danach folgerichtig während der Erlangung der Trance in einen Jaguar, befindet sich im Stadium der abgeschlossenen Verwandlung, dem Höhepunkt der Trance, in der anderen Welt, und ist damit zu seinem *Alter Ego*, dem Jaguar, geworden. Er begegnet den dort lebenden Geistwesen, spricht mit ihnen, streitet, ja kämpft mit ihnen. Er bittet um Genesung von Krankheit, um Jagdbeute, reiche Ernte und Fischfang, um Regen, Wind und Fruchtbarkeit. Er versucht, Geister dazu zu bewegen, geraubte Seelen wieder zurückkehren zu lassen oder besessene Seelen wieder freizugeben, die ganze Gemeinde vor aggressiven Nachbarn zu schützen. In diesem Zustand spricht er in der Schamanensprache, die er zuvor bei seinem Lehrer gelernt hat: er bewegt sich wie ein Raubtier, indem er faucht und seine Finger wie Raubtierkrallen krümmt. Kehrt er in die hiesige Welt zurück, ist er zumeist völlig erschöpft. ____ Als Erklärung für die weit verbreitete Funktion des Jaguars als Hilfsgeist oder Muttertier werden häufig seine besonderen Eigenschaften angeführt: er ist das stärkste Tier seiner Umgebung, er ist nachtaktiv, er lebt in Höhlen und auf Bäumen (Eigenschaften, die auch Schamanen nachgesagt werden). Das alles scheint ihn dazu zu prädestinieren, Mittler und Begleiter für den Schamanen auf seiner Reise ins Jenseits zu sein.

→ schamanen im alten amerika Betrachtet man vor diesem Hintergrund nun archäologische Objekte aus Mittel- und Südamerika, so entdeckt man auffallend viele Darstellungen nicht nur von Mensch-Jaguar-Transformationen und Darstellungen, die die Einnahme von Drogen zeigen, sondern auch erstaunlich viel Zubehör zum Drogengebrauch. ____ Demnach scheinen schamanische Praktiken in Alt-Peru weit verbreitet gewesen zu sein. Wir finden gerade in den Trockengebieten des zentralen Andenraums unzählige Paraphernalia von Schamanen, zu denen auch das Schnupftablett der Recuay-Kultur zählt. Derartige Schnupftabletts aus Holz, die ja nur einen Teil einer kompletten Schamanenausstattung darstellen, fand man zu hunderten in der Wüste Nordchiles, nahe des Ortes San Pedro de Atacama. Sie sind in ihrer Form dem Recuay-Tablett sehr ähnlich, tragen aber ihrer Kultur gemäß andere Schmuckornamente und zeigen teilweise auch andere Hilfsgeister wie den Kondor oder Schlangen. ____ Auch aus den Kulturen des Alten Mexiko sind uns zahlreiche Darstellungen von Halluzinogenen, deren Einnahme und den daraus resultierenden Halluzinationen erhalten. Die zerriebenen Samen der Ololiuhquil-Ranke dienten den aztekischen Wahrsagepriestern als wichtigstes Zaubermittel. Sie glaubten, in dem Samen stecke ein Dämon, der bei der Einnahme herauskomme und dem Fragenden aufdecke, was immer er zu wissen wünscht. Ololiuhquil wurde zumeist mit Wasser vermischt getrunken, andere Halluzinogene aus kleinen Kalebassen geschnupft. Eine weitere, wichtige Zauberpflanze war der mescalinhaltige Peyote-Kaktus, der heute noch bei den Huichol-Indianern Nordmexikos verwendet wird. Die Schamanen der Klassischen Mayakultur sprachen wohl vorwiegend dem in den siebziger Jahren nahezu berühmt gewordenen »Magic Mushrooms« (*Stropharia cubensis*) zu, von den Azteken

Teonanacatl, »Fleisch der Götter« genannt. →schamanismus und kunst Natürlich stellt sich nun die Frage nach den Erlebnissen oder Halluzinationen, die ein Schamane während seiner Reise hat. Selbstversuche westlicher Forscher führten in dieser Hinsicht zu völlig unterschiedlichen Ergebnissen. Teilweise erschöpften sich die Resultate in kaum erträglichen Kopfschmerzen und starker Übelkeit oder gar ernsthaften Erkrankungen, was die Wissenschaftler veranlasste, von Nachahmungen schamanischer Praktiken Abstand zu nehmen. Andere hingegen berichten von Halluzinationen, in denen sie Landschaften, Tiere gesehen hätten und von einem Farbenrausch. —— Die uns aus neuerer Zeit überkommenen Bilder, die von Schamanen angefertigt worden sind und Darstellungen der Visionen während einer Seelenreise enthalten, sind vielfältig. Zu besonderer Berühmtheit gelangten die Wollbilder der Huichol, allesamt von Schamanen gefertigt, die sogar einen erstaunlichen kommerziellen Erfolg verbuchen können. Das kürzlich publizierte Bild eines Schamanen aus dem Amazonas-Gebiet weist große Ähnlichkeit mit diesen Wollbildern auf. Gerade aus Amazonien, einem Gebiet, in dem der Schamanismus heute noch relativ weit verbreitet ist, kommen sehr vielfältige Ausformungen visionärer Bilder, Muster oder Zeichnungen. —— Die Art der Halluzinationen hängen eng mit der Wirkungsweise bestimmter Drogen zusammen. So erzeugt Virola, ein Schnupfpulver, das aus verschiedenen Wirkstoffen besteht (Harmin, Bufotenin u.a.), direkt nach der Einnahme zunächst sogenannte Phosphene, visuelle Wahrnehmungen von Farben und Formen wie Linien, Punkten, Strahlen, Rädern oder Blumen, die ohne äußeren Lichtreiz, nur durch elektrische oder biochemische Reize entstehen. Verblassen diese Eindrücke, so entstehen auf einer zweiten Wahrnehmungsstufe vielfarbige figurative Bilder wie Menschen, Tiere oder sogar ganze mythische Szenen. →kunst und schamanismus in alt-peru Die Diskussion, ob schamanische Visionen nicht der Ursprung aller Kunst überhaupt sind, ist selbstverständlich nicht neu. Auf die Kunst Alt-Perus bezogen, stellten sich Forscher die Frage, ob die beeindruckenden künstlerischen Ausformungen mythischer Wesen in der Ruinenstätte von Chavín de Huantar nicht auf durch San Pedro oder Ayahuasca-Genuss entstandene Halluzinationen zurückzuführen sind. Chavín de Huantar, heute eine beeindruckende Ruinenstätte im Norden Perus, vor 2500 Jahren ein herausragendes wirtschaftliches und religiöses Zentrum, brachte einen Kunststil hervor, der erstmals in der Geschichte Alt-Perus alle bisher einzeln erschienenen *Numina* in einem einheitlichen Formenkodex zusammenfasst. Dieser Kodex

❸

❶ **Trembladera-Katze,** *Darstellung eines in einen Jaguar verwandelten Schamanen, von zwei San Pedro-Kakteen flankiert, Peru, Cupisnique-Kultur (9.-2. Jh.v.Chr.),* Linden-Museum Stuttgart (Inv. Nr. M 30317) ❷ **Fresko einer Gottheit in der Mondpyramide.** *Moche-Huari-Kultur (7.-9. Jh.n.Chr.)* Foto: Doris Kurella ❸ **Steinkopf aus Chavín de Huantar,** *Peru, Chavín-Kultur (9.-2. Jh.v.Chr.)* Foto: Ursula Didoni

blieb bis in die Inka-Zeit, also über 2000 Jahre, in seinen Grundformen nahezu unverändert erhalten. —— Zu den spektakulärsten Darstellungen der Wirkung einer Droge und einer der damit einhergehenden Mensch-Jaguartransformation gehören sicher die Steinköpfe dieser ehemaligen Zeremonialstätte. Sie zeigen nicht nur die Verwandlung eines Menschen in einen Jaguar und sogar die einzelnen Schritte dieses Vorgangs, sondern auch den durch die Einnahme eines Schnupfpulvers, vermutlich des aus dem Villca-Samen hergestellten *Anadenanthera peregrina,* ausgelösten starken Nasenflux. —— Bemerkenswert sind des weiteren die sogenannten »Trembladera-Katzen«. Diese Gabelhalsflaschen, die alle in Gräbern gefunden wurden, zeigen eine als Jaguar identifizierte Raubkatze, die an der Vorder- und Rückseite jeweils von einem San Pedro Kaktus flankiert wird. Alle Jaguare haben den Kopf nach hinten gedreht, halten ihn in einer unnatürlichen Stellung. Auf der Rückseite des Gefäßes sind Voluten und Treppenmuster aufgebracht. Diese Darstellung hat klar mit der Einnahme des mescalinhaltigen Saftes des San Pedro Kaktus und der damit einhergehenden Mensch-Jaguar-Transformation zu tun. _____ Für die Kunst Alt-Perus kann festgehalten werden, dass zumindest in der frühen Phase (1500–200 v.Chr.) schamanische Praktiken eine grosse, wenn nicht sogar dominante Rolle spielten. Zu dieser Zeit, als die Gesellschaften wahrscheinlich zumindest in Spezialisten wie Bauern, Priesterschaft und Handwerker unterteilt waren, führten die Schamanen möglicherweise die religiöse Hierarchie an, waren gleichzeitig geistliche und weltliche Oberhäupter. Wie sich diese Entwicklung danach fortsetzte, lässt sich zum heutigen Zeitpunkt noch nicht genau nachvollziehen. Möglicherweise nahm der Einfluss des Schamanismus gegenüber anderen Formen von Heiler- oder Priesterschaft ab, blieb aber mit großer Wahrscheinlichkeit als ein Element in den indianischen Gesellschaften bestehen. Ein Erscheinungsbild, das durchaus als typisch für den Schamanismus anzusehen ist. Die Priesterkönige mögen für die Durchführung der kollektiven Kulte wie Fruchtbarkeits- oder Kriegskulte verantwortlich gewesen sein, die Schamanen für Kulte im dörflichen oder privaten Bereich. →schamanismus heute In einigen indianischen Gesellschaften des heutigen Lateinamerika ist Schamanismus, allerdings häufig stark mit christlichen Elementen durchmischt, noch von großer Bedeutung. Zu diesen Gesellschaften zählen die Huichol Nordmexikos und auch zahlreiche Stämme des Anden-Ostrandes wie die Shipibo-Conibo, die Arakmbut und Machiguenga Perus, die Vaupés-Stämme wie Tukano oder Desana Kolumbiens und Brasiliens, um nur einige zu nennen. Auch in Regionen, in denen keine ausgeprägt indianische Bevölkerung mehr anzutreffen ist, wie beispielsweise an der Nordküste Perus, spielt der Schamanismus eine zunehmend bedeutendere Rolle. Nach einer langen Zeit der Verfolgung und der Verbote wurden schamanische Heiler in Peru vor einigen Jahren wieder offiziell zugelassen und treffen auf starken Zuspruch aus der Bevölkerung. Sie werden keineswegs nur von ärmeren Teilen der Bevölkerung aufgesucht, die sich keinen westlich ausgebildeten Mediziner leisten können, sondern eher von Angehörigen der Mittel- und Oberschicht. Dieser Schamanismus unterscheidet sich indes deutlich von der »klassischen Form«, die in Gefahr ist, immer stärker verdrängt oder vergessen zu werden: Wichtige Elemente wie der Seelenflug werden nur noch angedeutet, Sitzungen dauern nicht mehrere Tage, sondern nur einige Stunden. Bei einigen Völkern gibt es für teilweise bereits sehr alte Schamanen keine Nachfolger, bei anderen tritt die Ekstase als wichtiges Element immer mehr in den Hintergrund. _____ Dies ist jedoch keineswegs ein ausschließlich lateinamerikanisches Phänomen. Gerade in Asien, vor allem in der Himalaya-Region, in Nordindien, aber auch in Korea und in Sibirien haben Schamanen immer noch oder wieder grossen Zulauf. Wie in Amerika, ging in diesen Regionen der Schamanismus Verbindungen mit anderen Religionen, z.B. dem Buddhismus, ein. Dort wird der Schamanismus oft als sogenannte »Volksreligion« gepflegt, ebenso wie in Südamerika, wo er neben der katholischen Religion immer stärker an Bedeutung gewinnt.

EPISTLE TO BE LEFT IN THE EARTH

IT IS COLDER NOW
                                    THERE ARE MANY STARS
                                                                    WE ARE DRIFTING
NORTH BY THE GREAT BEAR
                                              THE LEAVES ARE FALLING
THE WATER IS STONE IN THE SCOOPED ROCKS
                                                            TO SOUTHWARD
RED SUN GREY AIR
                              THE CROWS ARE
SLOW ON THEIR CROOKED WINGS
                                              THE JAYS HAVE LEFT US

LONG SINCE WE PASSED THE FLARES OF ORION
EACH MAN BELIEVES IN HIS HEART HE WILL DIE
MANY HAVE WRITTEN LAST THOUGHTS AND LAST LETTERS
NONE KNOW IF OUR DEATHS ARE NOW OR FOREVER
NONE KNOW IF THIS WANDERING EARTH WILL BE FOUND

WE LIE DOWN AND THE SNOW COVERS OUR GARMENTS
I PRAY YOU
                              YOU (IF ANY OPEN THIS WRITING)
MAKE IN YOUR MOUTHS THE WORDS THAT WERE OUR NAMES
I WILL TELL YOU ALL I HAVE LEARNED
                                              I WILL TELL YOU EVERYTHING
THE EARTH IS ROUND
                                    THERE ARE SPRINGS UNDER THE ORCHARDS
THE LOAM CUTS WITH A BLUNT KNIFE
                                                    BEWARE OF
ELMS IN THUNDER
                              THE LIGHTS IN THE SKY ARE STARS
WE THINK THEY DO NOT SEE
                                              WE THINK ALSO
THE TREES DO NOT KNOW NOR THE LEAVES OF THE GRASSES HEAR US
THE BIRDS TOO ARE IGNORANT
                                              DO NOT LISTEN
DO NOT STAND AT DARK IN THE OPEN WINDOWS
WE BEFORE YOU HAVE HEARD THIS
                                                    THERE ARE VOICES

THEY ARE NOT WORDS AT ALL BUT THE WIND RISING
ALSO NONE AMONG US HAS SEEN GOD
(... WE HAVE THOUGHT OFTEN
THE FLAWS OF SUN IN THE LATE AND DRIVING WEATHER
POINTED TO ONE TREE BUT IT WAS NOT SO)
AS FOR THE NIGHTS I WARN YOU THE NIGHTS ARE DANGEROUS
THE WIND CHANGES AT NIGHT AND THE DREAMS COME

IT IS VERY COLD
                                    THERE ARE STRANGE STARS NEAR ARCTURUS

VOICES ARE CRYING AN UNKNOWN NAME IN THE SKY

DER NABEL

MIT SIEBENMEILENFLÜGELN
UM DEN NABEL DER ERDE

SIE PFLANZT
BERGE UND TAL
SPRICHT WASSERFÄLLE
SCHWEIGT FISCHGEDANKEN

UNERMÜDLICHE
ARBEITSBIENE

SCHLAF HAT KEIN BETT
IN IHREM HAUS

IHR NABEL:
DER MENSCH

—— ROSE AUSLÄNDER

5/285 Flaschenbäume im Süden des Bundesstaates Mississippi, *aus einer Serie von Polaroid-Aufnahmen von Cathryn Copeland, New Orleans, Ende 1999*

Barbara Klemm, Kreuzträger in Jerusalem, Neunziger Jahre

MIRIAM RIEGER_____

Wie die Vorstellung einer »heiligen Zeit« ist auch die Vorstellung eines »heiligen Raumes« Ausdruck einer Heilserwartung, beidesmal geht es darum, innerhalb der Koordinaten, die das irdische Dasein
bestimmen, also Raum und Zeit, Punkte zu setzen, die dem Gläubigen Orientierungshilfe
bieten und ihn bereits zu Lebzeiten an der göttlichen Ordnung teilhaben lassen. _____ Was
verleiht einer Stätte »Heiligkeit«? »Eine Antwort«, so der Theologe Hans-Jürgen Greschat,
»lautet: weil dort Heilsames geschehen ist. Eine andere Antwort: Weil dort Heilsames geschehen wird. Die wichtigste Antwort aber ist diese: Weil dort Heilsames geschieht.« Heilige
Stätten sind also in ihren Grundfesten Orte der Vergegenwärtigung einer heilsmächtigen
Kraft. Heilige Stätten stehen für ein ewiges Andauern der Heilsoffenbarung auf Erden. _____
Diese Vergegenwärtigung des Heilsamen kann ihren Ausdruck in naturgegebenen wie men-
schengemachten Erscheinungsformen finden. In einer religionsgeografischen Dimension kann
sie die Zentrierung auf einen heilsmächtigen Ort bedeuten oder kristallisiert sich, *pars pro toto*,
in einem einzelnen Gegenstand. _____ Heilige Stätten als natürliche Orte können in Bäumen,
Gewässern oder Steinen zur Erscheinung kommen, die durch eine besondere Form auffallen.

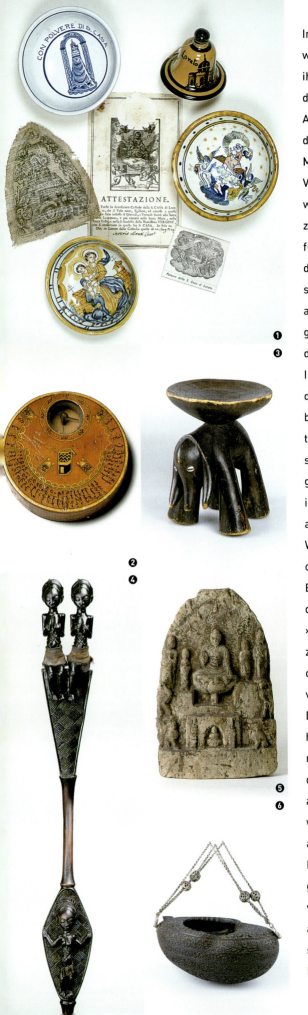

❶

❸

❷

❹

❺

❻

In den Glaubensvorstellungen des alten Japan galt die ganze Natur als Sitz der *kami*, der Geisterwesen. Die Allbeseeltheit der Natur macht eine disziplinierte Verhaltensweise gegenüber ihren Elementen erforderlich. Aus Ehrfurcht findet die Verehrung eines Berg-*kami* nicht auf dem Berggipfel, sondern im Hain oder an der Quelle statt, die sich an seinem Fuße befinden. Auch hier sind Zedern und Gewässer nur andere Manifestationen des *kami* und dem Zugriff des Menschen entzogen, sie dürfen nicht gefällt oder verunreinigt werden. _____ Zu den von Menschenhand errichteten Bauwerken mit sakralem Charakter gehören auch Orte, an denen Veranstaltungen zu Ehren von Göttern und Heroen zelebriert werden. »Ballhöfe« beispielsweise dienten in Mesoamerika als Austragungsort des Sakralballspiels. Dieses Spiel gehörte zu einem Ritual, das den Lauf der Sonne, ihr nächtliches Verschwinden und die Neuerschaffung der Welt mit ihrer Rückkehr dramatisiert. Die räumliche Struktur des Ballhofes formt diesen Kampf um die Sonne nach. _____ Andere Gebäude wie Tempel und Gotteshäuser unterscheiden sich in dem, was sie zu »heiligen Stätten« macht: während in der Ostkirche unter anderem durch die Betonung der Gnadenmächtigkeit der Heiligenreliquien jedem Kirchengebäude *per se* Heiligkeit zukommt, wird in der protestantischen Kirche das Heilige erst durch die Verwendung des Gottesdienstraumes zur Schriftlesung und Versammlung erreicht. _____ In jeder Religion gibt es mindestens einen Ort, der für die Überlieferung eine besondere Bedeutung hat, ein zentrales Heiligtum, auf das sich das religiöse Selbstverständnis der Gläubigen bezieht, auch über große räumliche Entfernungen hinweg. Für den Moslem ist dieser Orientierungspunkt Mekka, die Geburtsstadt des Propheten Mohammed, auf Mekka hin richtet er sein rituelles Leben aus: Mekka ist Zielpunkt der täglichen Pflichtgebete und der Pilgerfahrt, gen Mekka werden die Moscheen gebaut und die Verstorbenen beerdigt. _____ Für die heute in allen Erdteilen verbreitete Gemeinschaft der Muslime erfüllt die gemeinsame Zentrierung auf Mekka eine einigende Funktion, für sie ist die heilige Stadt der konkrete »Mittelpunkt der Welt«. Die Verknüpfung von religiösem und geographischem Mittelpunkt hat Tradition. »Jede orientalische Stadt befand sich im Mittelpunkt der Welt«, wie der Religionshistoriker Mircea Eliade lakonisch bemerkte, und auch andernorts waren und sind es Tempel, Bäume, Steine, die eine solch prominente Verortung erfahren. Bekannt ist die Vorstellung vom *omphalos*, dem »Nabel der Welt« oder dem »Band zwischen Himmel und Erde«, wie ein Raum des Tempels zu Nippur in Babylonien genannt wurde. Dabei wird »Welt« im Sinne von Kosmos, als Verbindung von Götter- und Menschenwelt und dem Reich der Verstorbenen verstanden. Wo sich die verschiedenen Ebenen überschneiden, wird ein wechselseitiger Besuch plötzlich möglich. Die Selbstbezeichnug Babylons als »Tor der Götter«, also als Ort, wo die Götter vom Himmel herab steigen, spricht davon, und umgekehrt kommt der Pilgernde mit jeder Stufe, die er den mächtigen Tempel zu Borobudur in Zentral-Java erklimmt, dem Himmel ein Stück näher. In diesem Sinne leuchtet auch die heilsmächtige Architektur des In-die-Höhe-Bauens, oft auch als Anlehnung an die Konzeption eines Weltenbergs oder -baumes, ein. _____ Mobilität ist die weitere Möglichkeit einer »heiligen Stätte«, erdübergreifend wirkmächtig zu werden. Ein sehr anschauliches Beispiel dafür ist die Legende von der Übersiedlung des Hauses der heiligen Familie nach Loreto, das zu einem beliebten Pilgerort für Katholiken wurde. Für den Buddhisten gehört Pilgern nicht zu den heilsnotwendigen Unternehmungen. Heilsversprechend sind hier vielmehr die Übungen, die den Geist reinigen und schulen. Ein Weg dorthin bietet das Gedenken an Buddha, hilfreiche Gegenstände dafür sind der *Stupa*, der für den Grabhügel des historischen Buddhas steht, der *Bodhi*-Baum, seiner »Stätte des Erwachens«, und Buddhabilder. Diese drei Gegenstände haben zur Verbreitung des Buddhismus beigetragen, weil sie überall heilige Orte des Gedenkens an den Religionsstifter schaffen. _____ Gleich in welcher Erscheinungsform, ist allen heiligen Stätten gemeinsam, dass sie Orte definieren, an denen sich Mensch und Gottheit begegnen können. Hier findet ein Dialog statt, die besondere Weihe des Raumes verspricht eine bevorzugte Behandlung des menschlichen Anliegens. Heilige Stätten beschreiben einen Kollisionspunkt zwischen Himmel und Erde, Sakralem und Profanem, von zwei Wesensarten, die sich zueinander absolut verschieden verhalten. – Doch tun sie das wirklich? Das lateinische *pro fano* selbst ist eine Raumbeschreibung, es bedeutet: vor dem Heiligtum befindlich. Außerreligiöse Wirklichkeit bestimmt sich also bereits in Bezug auf das Religiöse und gibt somit der Sehnsucht nach der Teilhabe an dieser anderen Erfahrungswelt Ausdruck. Das Interesse an der Vereinigung von irdischem und überirdischem Raum kann dabei auch eine politische Dimension einschließen. Die Einheit von weltlicher und spiritueller Herrschaft mag der Königshocker der zentralafrikanischen Luba demonstrieren. Die spezifische Herrschaftsberechtigung beweist der Hocker seinem Besitzer gleich zweifach: die figürliche Ausschmückung des Beinwerks stellen den König in eine Ahnenreihe mit mythischem Ursprung, seine machtvolle Heiligkeit erlaubt nur dem König eine gefahrenlose Verwendung und verleiht seinen Handlungen Nachdruck. _____ Die Darstellung der topographisch erfassbaren Welt als Leib Christi wiederum verrät die Tendenz dazu, alles Abweichende auszugrenzen oder gewaltsam einzuverleiben. Die Überlagerung von Raum – gleich ob Ort, Stadt oder Territorium – mit religiöser Bedeutung trägt in sich den Keim zur Ideologie. _____ Abhängig davon, was einer Gemeinschaft jeweils als heilig gilt, gibt die Begegnung mit dem Heiligen an den vom Profanen gesonderten Orten den Menschen wieder in seinem Verhältnis zu seinem spirituellen Bezugspunkt – der Natur oder Gott. Auch die Verstorbenen können eine Macht darstellen, zu denen sich der Mensch ins Verhältnis setzen möchte. Friedhöfe – *camposanti* –, Plätze, die die Verbindung zwischen den Lebenden und den Toten markieren, stellen ein weiteres Wesensmerkmal sakraler Orte vor: Heilige Stätten sind auch ambivalente Schwellenorte, die zwischen dem irdischen und dem jenseitigen Reich Grenzen ziehen und damit gleichzeitig erst die Voraussetzung für eine mögliche Vermittlung schaffen. _____ Das Wechselspiel von Abgrenzung und Grenzüberschreitung bringt vielleicht wie keine zweite eine Inszenierung zum Ausdruck, die vor allem in den Südstaaten des USA zu

❶ 5/274,275,276,279,278,280,277 **Sieben Souvenirs aus Loreto** *»Loreto-Glöcklein gegen Gewitterschaden, Häublein gegen Schmerzen, Gürtel für leichte Geburt, Kerzen für eine gute Sterbestunde, Schleier, heiliges Öl, Wallfahrtspfennige usw.« wurden nach einer Beschreibung aus dem 18. Jahrhundert an die Pilger ausgegeben. Bayerisches Nationalmuseum, München* ❷ 5/281 **Iranischer Qibla-Kompass** *Im Zentrum dieses symbolisch auch den Weltkreis darstellenden Kompasses zur Bestimmung der Gebetsrichtung ist die Ka'ba von Mekka dargestellt. Am Rand sind die Namen bedeutender islamischer Städte und Heiligtümer eingetragen. Linden-MuseumStuttgart* ❸ 5/269 **Thronhocker eines Luba-Königs** *Linden-MuseumStuttgart* ❹ 5/268 **Zeremonialstab eines Luba-Königs** *Zu den Würdezeichen des Königs, dem die Luba göttliche Qualitäten zusprechen, gehört auch der Amtsstab, der zu zeremoniellen Anlässen neben dem Thronhocker in der Erde aufgepflanzt wird. Linden-Museum Stuttgart* ❺ 5/267 **Buddhistische Votivstele, China, Tang-Zeit (618-917 n.Chr.).** *Frankfurt am Main, Museum für Kunsthandwerk* ❻ 5/272 **Bettelschale eines Derwischs** *Das aus Holz oder Metall, oft aus der Schale einer großen Nuss oder einem Kürbis gefertigte Gefäß diente dem Einsammeln von Almosen und Lebensmitteln. Linden-Museum Stuttgart* ❼ 5/259 **Ebstorfer Weltkarte** *Die Weltkarte entstand zwischen 1230 und 1250 im niedersächsischen Kloster Ebstorf. Das Original, das 1943 im Staatsarchiv in Hannover verbrannte, bestand aus 30 Pergamentblättern, die zu einer Rundkarte von 3,60 m Durchmesser aneinandergefügt waren. Die als flache Scheibe gedachte Erde ist hier als Leib Christi dargestellt, dessen Mittelpunkt die Heilige Stadt Jerusalem, der sprichwörtliche Nabel der Welt, bildet. Staatsbibliothek zu Berlin – Preußischer Kulturbesitz* ❽ 5/284 **Nagelfetisch in Gestalt eines doppelköpfigen Hundes** *Einer Überlieferung zufolge haben Hunde vier Augen. Sie galten als Vermittler zwischen Lebenden und Toten, zwischen sichtbarer und unsichtbarer Welt. Es heißt auch, dass die Seele eines Verstorbenen auf dem Weg ins Totenreich ein Dorf voller Hunde passiert. München, Staatliches Museum für Völkerkunde*

finden ist: Der »Flaschenbaum«, *bottle tree*, ist Teil einer afroamerikanischen Tradition, die sich bis zu den Begräbnisritualen der Bakongo zurückverfolgen lässt. Dort kennzeichnete ein Baum die Stelle, an der ein Familienmitglied bestattet wurde – ein Baum deswegen, weil er selbst verschiedene Seinszustände umfasst, die Wurzeln in der Erde und die Krone dem Himmel entgegengestreckt, und so dient er der Seele des Verstorbenen als Vehikel für die Reise ins Totenreich. Die Präsenz der Ahnen wiederum ist für das Wohlergehen der sozialen Gruppe wichtig, deswegen halten Grabauflagen wie die letztbenutzten Gegenstände des Toten, in denen seine Kraft noch anwesend ist, die besonderen Fähigkeiten des Verstorbenen für die Gemeinschaft der Hinterbliebenen wach. Diese Gleichzeitigkeit von Verbannen und Bewahren setzt sich in der Konstruktion des »Flaschenbaumes« fort, aber hier deutlicher in Bezug auf die Lebenden. Er steht im Vorhof eines Wohngebäudes und wendet sich an den Vorbeikommenden. An seinen Ästen sind – aufgesteckt oder mit Faden gebunden – leere Flaschen angebracht. Die Flaschen sind der Aufenthaltsort der Ahnengeister. Durch die Reflexionen der Sonnenstrahlen auf der glänzenden Oberfläche wird die Macht der eingefangenen Geisterwesen am Leben gehalten. Der Flaschenbaum schützt die im Haus Lebenden und kommuniziert mit dem, der den Hof betritt. Er sagt, folgert Robert Ferris Thompson: Vorhof und Friedhof sind identisch, die Toten wachen über uns. Wer kommt und Böses im Sinn hat, der soll zu den Toten gehen; wer jedoch Gutes vorhat, der soll durch die vom Licht aktivierten Ahnengeister gestärkt werden. _____ Der Flaschenbaum, ein Schwellenort zwischen dem Fremden und dem Heimischen, verdeutlicht einleuchtend den sakralen Grundriss. Das Heilige ist so mächtig, dass es gleichermaßen schreckt und verheißt. »Komm nicht näher heran! Lege deine Schuhe ab, denn der Ort, wo du stehst, ist heiliger Boden.« wird Moses von seinem Gott gewarnt, der ihm im brennenden Dornbusch erscheint. Das Heilige ist gefährlich, die Annäherung daran

5/285 Flaschenbäume im Süden des Bundesstaates Mississippi, *aus einer Serie von Polaroid-Aufnahmen von Cathryn Copeland, New Orleans, Ende 1999*

erfordert Vorsicht und Respekt.

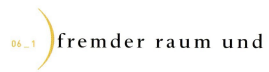

06_1)fremder raum und heilige stätten: australien und die tropen der er-innerung

_____ BRITTA DUELKE

DIE JEWEILIGE WELT ENTDECKT JE DIE RÄUMLICHKEIT DES IHR ZUGEHÖRIGEN RAUMS. _____ MARTIN HEIDEGGER DAS ERINNERUNGS-WÜRDIGSTE IST DAS, WAS VON EINEM ORT ERTRÄUMT WERDEN KANN. _____ MICHEL DE CERTEAU

Der fünfte Kontinent ist von alters her Gegenstand religiöser Reflexionen. Manchem Fremden dient der australische Raum noch immer als facettenreiche Projektionsfläche. Die markante Distanz zur eigenen Lebenswelt, die vielfältigen Umkehrungen des Gewohnten und Vertrauten erleichtern die imaginäre Transformation des im auffällig gleißenden Licht liegenden Südkontinents zum »dunklen«, mythenumwobenen, schöpfungs- und ursprungsnahen Ort. Dort, und nur dort, ließ sich selbst Charles Darwin angesichts eines Schnabeltiers dazu hinreißen, über die mögliche Existenz zweier Schöpfergottheiten zu kontemplieren; heute verorten moderne Jetset-Nomaden die sakralen Wurzeln eines _life style_ im gleichen Raum. _____ Gut einhundert Jahre, nachdem Captain Cook 1770 die englische Flagge auf australischem Boden gehisst hatte, verstärkte sich das europäische Wissenschaftsinteresse am letzt-»entdeckten« Kontinent der südlichen Hemisphäre. Im 19. Jahrhundert mussten sich die Wissenschaften neu orientieren. Geologische Forschungen hatten das bekannte Alter der Erde von den biblisch hergeleiteten knapp 6000 Jahren um – seinerzeit – Millionen Jahre zurückgesetzt; die neue Evolutionslehre zeigte ihre Wirkung, man musste sich mit anderen Zeitdimensionen arrangieren, auch mögliche Ursprünge der Menschheit neu bedenken. Australien mit seiner altertümlich geltenden Natur und seinen erklärtermaßen primitiven Menschen eignete sich vortrefflich für Deutungen aller Art. Europa entdeckte für sich einen geschichtslosen, konservierten Naturraum, in dem Vergangenheit Allgegenwart schien, ein Land der lebenden, auch menschlichen Fossilien. _____ War man zunächst überzeugt, dass die mit der zeitlosen Natur gleichgesetzte, angeblich ziellos über das Land streifende Urbevölkerung keine Religion besäße, entspann sich seit der Mitte des 19. Jahrhunderts eine lebhafte, wenn auch sektiererische Debatte um einen australischen Hochgottglauben. Wirklich bedeutend für die religionswissenschaftliche Ursprungsverortung aber waren die Nachrichten der frühen Erkunder, dass die von ihnen so bezeichneten _ab origines_ seelenhafte, urtümlich-religiöse Beziehungen zur »Natur« herstellten, die man – mit Verweis auf Nordamerika – unter den Begriff _Totemismus_ subsumierte. Die spirituelle Bedeutung von besonderen Orten wurde seinerzeit nur mehr beiläufig erwähnt, sie galt als Bestandteil der allgemeinen religiösen »Naturverehrung«. Dass die Beziehungen zu heiligen Stätten Ausdruck von sehr spezifischen und komplexen Eigentumskonzeptionen waren (und sind), übersah man im Zuge fortschreitender Landaneignung geflissentlich. Entsprechend richteten die großen Theoretiker Europas ihr rein evolutionäres Erkenntnisinteresse an einer als früh und mehr oder minder homogen geltenden Religion Australiens ausschließlich auf sozio-religiöse und psychologische Aspekte, nicht aber auf territoriale. Der australische Umweg, das Studium der Antipoden, diente bekanntlich weniger dazu, einen Beitrag zum Verstehen der australischen Religionen zu liefern, als vielmehr dafür, Aufschluss über die Herkunft und Entwicklung der eigenen psycho-sozialen Verhältnisse zu gewinnen. Man hatte in jedweder Hinsicht Besitz von einer kontinentalen Stätte genommen. Es galt, Erkenntnisse aus dem scheinbar Fremden und schattenartig Vorzeitigen zu ziehen, die Licht auf die Deutung des noch dunklen Eigenen werfen könnten – einer Erinnerung vergleichbar. Der aboriginale Kontinent wurde zu einem fernen, wilden und geschichtslosen Gedächtnisort der eigenen historienreichen Zivilisation stilisiert. Damit schuf man sich einen bis heute vielgenutzten interpretativen Raum, den man durch *Tropen* oder Wendungen – den wechselseitigen Tausch vom Eigentlichen und Übertragenen – zur eigenen Erinnerungs-, Erkenntnis- und Aneignungslandschaft gestalten konnte. _____ Lange Zeit spielten Aborigines, ihre Religionen und raumgebundenen Repräsentationen – jenseits eines spezialisierten wissenschaftlichen und gelegentlich humanen Interesses – in der australischen Öffentlichkeit keine Rolle. Man betrachtete sie als exotische Relikte: Aborigines galten als eine den Naturgesetzen unterworfene, zum Aussterben bestimmte antiquierte Rasse, ihre Stätten als landschaftliche Naturmonumente. Hatten die heiligen Stätten von Aborigines früher wenig Beachtung gefunden, so rufen sie heute bei weißen Australiern wie auch bei ausländischen Besuchern eine gesteigerte Aufmerksamkeit hervor. Vor knapp dreißig Jahren, als deutlich wurde, dass von Aussterben nicht die Rede sein konnte und die Forderungen nach Anerkennung und Gleichberechtigung lauter wurden, setzte ein Wandel ein. Nationalstaatliche Rechtsreformen führten (zumindest in einzelnen Bundesgebieten) zur Verabschiedung von Landrechtsgesetzen und ermöglichten erstmals die Anerkennung von traditionellem Landeigentum, das vorrangig über

Darstellung der Botany Bay bei Sydney, *aus: Philipp's Reise nach Neu-Süd-Wales nebst Nachrichten von den englischen Kolonien auf Port-Jackson und den Norfolk's-Inseln; in: Bibliothek der neuesten Reisebeschreibungen, 17. Band, Leipzig/Nürnberg 1791*

die Beziehungen zu heiligen Stätten definiert wurde. Dies kommt traditionellen Vorstellungen nahe: Viele australische Mythen berichten von Ahnenwesen, die während der Schöpfungsperiode von Ort zu Ort wanderten, dem Land seine Form, Gestalt und Bedeutung gaben. Auf ihren Wegen hinterließen die Heroen durch Metamorphosen und Transformation ihrer selbst Kraftsubstanzen an bestimmten Stätten. Diese Substanzen materialisierten sich nicht nur im und am Ort, sondern auch in den zugehörigen Menschen, Mythen, Objekten, Liedern und nicht zuletzt einem spezifizierten Wissen. Die genealogische und mythische Abstammung sichert bestimmten Menschen bzw. Gruppen ausschließliche Eigentums- und Nutzungsrechte an den Stätten und dem dazugehörigen Land. Regional unterschiedliche, hochkomplexe Sozial-, Lokal- und Ritualorganisationen sorgen dafür, dass die jeweiligen Regeln eingehalten werden, dass das Wissen über die Stätten und das Eigentum des Landes erhalten bleiben. _____ Bei der gesetzlichen Bestimmung von traditionellem Landeigentum konzentrierte man sich auf heilige Stätten: Dies gründete zum einen auf der Übernahme ethnologischer Erkenntnisse über die Bedeutung der Stätten, war zum anderen aber auch von der europäischen Vorstellung geleitet, dass eine heilige Stätte in ihrer räumlichen Ausdehnung fixierbar und begrenzt ist. Hier unterscheiden sich allerdings nicht nur die kulturellen Raumvorstellungen von Aborigines und Weißen erheblich voneinander, sie variieren auch unter den verschiedenen Aborigines-Gesellschaften. Die einzelnen Stätten sind in einem mythischen Netzwerk mit anderen Stätten verbunden und die Frage, inwieweit etwa die »Zwischenräume« zwischen verschiedenen Stätten zwangsläufig als »profan« angesehen werden müssen oder nur einen anderen »Grad« an »Heiligkeit« aufweisen, wird auch unter Aborigines jeweils unterschiedlich beantwortet. _____ Mit den Landrechtsgesetzen entwickelten sich die heiligen Stätten zu einem intra- wie interethnisch höchst umstrittenen Politikum, bei dem es ganz konkret um Eigentum, um Rechte, um die Kontrolle und um den Nutzen von Land geht. In den nationalen Diskussionen stehen dabei neben der grundsätzlich umstrittenen Glaubwürdigkeit auch rein territoriale Aspekte sowie die unterschiedlich legitimativen Werte von Tradition und Geschichte zur Debatte. _____ Die koloniale Ära, die durch die unbeschränkte Aneignung eines fremden Raums charakterisiert war, schien mit der rechtlichen Anerkennung des traditionellen Landeigentums zu einem Abschluss gekommen zu sein. Die heiligen Stätten der Anderen anzuerkennen, schien auf veränderte Raumkonzeptionen und veränderte Ideologien hinzuweisen. Tatsächlich aber änderten sich die facettenreichen Strategien der Aneignung. Längst hatte eine historische Siedlermythologie die vormalig fremde Landmasse in eine eigene Bedeutungslandschaft transformiert, einen zumindest vordergründigen Wechsel von raum- zu stättegebundenen Okkupationen vollzogen. Auch das weiße Australien hat seine mythische Erinnerungslandschaft, die nicht mehr den indifferenten Raum thematisiert, sondern die eigenen Stätten. Man kann auf seine eigenen Heroen verweisen, die Pioniere, die die undifferenzierte Urzeit der Anderen in eigene Geschichte verwandelten, die den ehemals monoton empfundenen Raum kartierten, ihm durch physische, konzeptionelle und kulturelle Transformationen eigene Formen gaben, die der Wildnis Orte abrangen, durch Benennungen von Orten und Visionen des Pittoresken eigene erinnerungswürdige Stätten schufen und damit spirituelle raumgebundene Kontinuitäten sicherten. Neben den eigenen mytho-historischen Plätzen werden heute auch ganz spezifische, besonders ein- und ausdruckvolle Stätten von Aborigines als national bedeutendes Erbe begriffen, als räumliche Symbole *einer* Nation. So war etwa das langwierige Übergabeverfahren des zentralaustralischen Ayers Rock oder *Uluru* an seine indigenen Eigentümer nur unter der Vorgabe möglich, dass die gesamte Region um den Felsen gleichzeitig in einen Nationalpark umgewandelt wurde. Man wies die Region zwar als spezifisch indigenes Eigentum aus, stellte aber sicher, dass sie für alle zugänglich, d.h. Allgemeingut blieb. _____ Jenseits solcher räumlichen Bedeutungswandlungen bringt man den heiligen Stätten von Aborigines neuerlich auch ein spirituelles Interesse entgegen. Seit Anfang der achtziger Jahre gelangten Australiens heilige Stätten auf die Weltkarten der sogenannten New Age-Pilger. Dabei nimmt Ayers Rock unangefochten den ersten Platz ein, er repräsentiert das monolithische Mekka, den heiligen Schrein des australischen *Outbacks*. Der in einer Ebene liegende und selbst aus weiter Entfernung deutlich sichtbare Monolith verfügt über natürliche Qualitäten, die seinen symbolischen Wert unterstreichen. Im nationalen Kontext erfüllte Ayers Rock seit langem emblematische, ja totemische Funktionen, die unlängst durch eine universal-spirituelle ergänzt wurden. Neben den Heerscharen ganz gewöhnlicher Touristen findet sich eine jährlich steigende Zahl (inter)nationaler Pilger ein, um mit den uralten, neu wieder ins Bewusstsein gerückten mystischen Kräften des Ortes Kontakt aufzunehmen. Der Fels steht in dem Ruf, durch Energielinien mit den heiligen Stätten der anderen Kontinente verbunden zu sein. Man meditiert, veranstaltet Heilseancen und schließt – begleitet von obligatorischen, wenn auch nicht nach Zentralaustralien gehörenden *Didgeridoo*-Klängen – die mitgebrachten Kristalle mit einem angeblich unter dem Fels liegenden Großkristall kurz. Die Pilger sind durch die Lektüre der inzwischen weitverbreiteten Synopsen aboriginaler Spiritualität gut vorbereitet, streben durchaus bewusst Kontakte mit den in der Umgebung lebenden Aborigines an, um das in der Natur stattfindende spirituell-kollektive Ereignis harmonisch zu teilen oder authentischer zu gestalten, manche behaupten, zumindest telepathischen Kontakt mit der Urbevölkerung aufgenommen zu haben. Dass sich von alters her mehrere bedeutende heilige Stätten der Eigentümer im und am Monolithen befinden, erhöht die Attraktivität des Ortes für die heilsuchenden Pilger um ein Vielfaches. Der Zugang zu diesen speziell abgegrenzten heiligen Stätten ist dem indigenen wie neuerlich auch dem weißaustralischen Recht nach für Fremde verboten, was manche indes nicht daran hindert, sie mit legitimierenden Verweisen auf deren *universale* mystische Bedeutung und den scheinbar zwangsläufig daraus resultierenden *egalitären* Zugangsrechten trotzdem zu betreten. Man entdeckte das mystische Allgemeingut just zu dem Zeitpunkt, als nach langem Ringen verschiedene Gesetze verabschiedet wurden, die die heiligen Stätten nicht nur schützen, sondern die besonderen spirituellen Beziehungen der Anderen zu den Stätten anerkennen sollten. Hier sind es eben nicht die universalen, sondern gerade die kulturspezifischen, territorialen und der Allgemeinheit nicht zugänglichen, wissensbezogenen Besonderheiten, die beim traditionellen Landeigentum wie auch bei dessen legaler Anerkennung eine Rolle spielen. Die seit Jahren boomende Suche nach dem Universalismus in der aboriginalen Spiritualität und ihren heiligen Manifestationen hat in der sogenannten New Age-Literatur besondere Ausformungen angenommen. Sie zeichnet sich vorrangig dadurch aus, dass jedwede Beziehung zwischen Kosmologie und spezifischen sozio-politischen Strukturen ausgeblendet und durch die *klassischen* Motive von Zeitlosigkeit, Antiquität und essenziell-universalen Wahrheiten ersetzt werden. Man homogenisiert Aborigines-Religionen derart, dass sie verallgemeinerbar scheinen. Das spirituelle Transzendieren lokaler und sozialer Unterschiede zielt darauf, die Besonderheiten, Identitäten und Singularitäten aufzulösen und letztendlich indifferente Austauschbarkeit zu erreichen, die für neuzeitlich spirituelle Adaptionen offensichtlich unerlässlich ist. _____ Kulturelle Austauschbarkeit gehört zu den grundlegenden Bestandteilen der mehr oder

❶ 5/196 Magisches Brett zur Krankenheilung (intekui). *Nikobaren, 19. Jh.* Museum für Völkerkunde zu Leipzig

❷ 5/199 Magische Abwehrfigur (kareava). *Nikobaren, 19. Jh.* Museum für Völkerkunde zu Leipzig

❸ 5/191 Körbchen zur Aufbewahrung von Bestattungsresten eines verstorbenen Kindes zum Totengedenken. *Andamanen, 19. Jh.* Museum für Völkerkunde zu Leipzig

minder innovativen Aneignungsprozesse des Fremden. Dies zeigt der Erfolg eines rezenten Werks, in dem austral-universale Spiritualität – wenn auch unter rein moribunden Gesichtspunkten – thematisiert wird. Der australische Raum stellt auch hier die Bühne für eine bewusstseinserweiternde Erinnerung dar, die nachträglich in Amerika zu Papier gebracht wurde. Irgendwann in den 1980er Jahren soll die aus Kansas City stammende Marlo Morgan mit einem unbekannten, wilden, dafür aber sehr spirituellen »Stamm« australischer Aborigines – die sich »die Wahren Menschen« bzw. »Gottes Wahre Menschen« nennen – den Kontinent zu Fuß durchquert haben. Ziel ihrer Übung war, die einzige (!) verbliebene heilige Stätte des Landes aufzusuchen und auf dem langen Weg dorthin die universale Weisheit zu empfangen. Eine letzte Gelegenheit gewissermaßen, weil der von »Mutanten« umgebene »Stamm« freiwillig (!) aussterben wollte und sein ursprüngliches Wissen sonst verloren ginge. *Mutant Message Down Under* (deutsch: *Traumfänger*) ist die zunächst als Tatsachenbericht, später dann um den Zusatz »frei erfunden« ergänzte Reiseschilderung, die weltweit zum Bestseller wurde. Der Leser kann sich hier nicht nur mit den vermeintlich eschatologischen Weisheiten des *Outbacks*, sondern auch mit einer aboriginalen Kultur vertraut machen, die zwar selbst für australische Verhältnisse höchst ungewöhnlich, aber »irgendwie« doch universal ansprechend zu sein scheint: das morgendliche, nach Osten ausgerichtete Gebet zur »Göttliche Einheit«, der Dank an Mutter Erde, das ehemalige Kannibalentum, das nachfolgend bevorzugte Vegetariertum, die telepathischen Kommunikations- und Heilverfahren, die gelegentlich seltsam an nordamerikanische Indianer erinnernden Praktiken, der mit integrierter Wasserschale und Auspuff versehene Erdofen. Selbst die von den mitunter kindlich dreinblickenden, sich an Ratespielen und Wippen erfreuenden aboriginalen »Gottes Menschen« angeblich abgehandelten Blut- und Rassefragen muten erstaunlich bekannt an, einzig neu (aber nur für einen Moment) wirkt der vermeintliche Verweis der »Wahren Menschen« darauf, dass alle anderen Aborigines des Kontinents »Unwahre«, vom Rechten Weg abgekommene »Mutanten« bzw. »Ausgestorbene« seien, die keine heiligen Stätten mehr hätten und keine Zeremonien mehr ausführten. Jetzt, so scheint es, wo erklärtermaßen die einen nur mehr Untote sind, die anderen dankenswerterweise freiwillig aus dem Leben scheiden wollen, kann endlich das ersehnte »Erbe« angetreten und adäquat vermarktet werden.

_____ Die im australischen Raum und den heiligen Stätten verorteten Tropen der Erinnerung werfen noch immer Licht auf das dunkle Eigene. Für Erinnerungs-, Erkenntnis- und Aneignungslandschaften gilt, was für alle Landschaften gilt, sie sind der kulturelle und politische Boden, auf dem sich die Konzepte vom Eigenen und vom Anderen verankern lassen. In räumlicher Geschichte und raumgebundenen Geschichten stellen Kulturen von jeher *ihre* Präsenz und Gegenwart dar. _____ In Australien sind die Projektionen der »Fremden« nicht ohne Nachhall geblieben und haben zu einer gegenseitigen – von manchen eher als Bumerang empfundenen – religiösen Befruchtung geführt. Längst hat eine Raumgeschichte der neuen Art zumindest unter bestimmten Teilen der indigenen Bevölkerung Verbreitung gefunden, die die der Anderen mit eigenen Waffen schlägt. Wenn heute einige indigene Stimmen laut werden, die ganz Australien zu einer einzigen heiligen autochthonen Stätte erklären wollen, so ist das eine mehr oder minder innovative Antwort auf eine kulturelle, territoriale, politische und spirituelle Aneignungsgeschichte. Selbstredend soll für das kontinentale Heiligtum gelten, was für jede heilige Stätte eingefordert werden kann: Sie sollte respektiert und in Ruhe gelassen werden, zumindest von denen, die über keine traditionellen, von Ursprung und Schöpfung hergeleiteten Rechte verfügen, sie zu betreten. Es verlangt nicht viel Imaginationskraft, sich die ganz profanen politischen Konsequenzen dieser homogenisierenden Sakralisierung des Raums vor Augen zu führen.

kontakts —heilige stätten in der griechischen antike___ SUSANNE GÖDDE

❸
❶
❷

Heilige Räume – das sind überall auf der Welt, in allen Religionen Orte, an denen der Mensch den Göttern begegnet, an denen er etwas von ihnen erbittet, sie beschwichtigt, ihnen dankt und opfert, an denen ihn aber auch Furcht und Schrecken angesichts ihrer Größe oder ihrer Strafen überkommt. Als Orte des Umgangs mit dem Gott oder den Göttern ziehen heilige Räume den Menschen an, laden ihn zum Betreten ein und vermitteln ihm das Gefühl von Schutz. Doch birgt die Überschreitung ihrer Grenzen auch die Gefahr des Sakrilegs; die verdichtete Präsenz der Götter gebietet respektvolle Distanz. Das Betreten heiliger Räume ist in der Regel – in archaischen Gesellschaften mehr als in modernen – an den Vollzug bestimmter ritueller Handlungen gebunden, die den Übergang vom profanen in den heiligen Raum markieren. Von solchen Grenzüberschreitungen soll im Folgenden die Rede sein. ___ Die Griechen verehrten ihre Götter und Heroen an einer Vielzahl von Orten und bei vielen Gelegenheiten. In der Natur – an Bäumen, Quellen und Flüssen, an Steinmalen, auf Bergen und in Höhlen –, aber auch an der häuslichen Herdstelle, die der Göttin Hestia heilig war, und schließlich in Tempeln, die seit dem 8. Jahrhundert v.Chr. eigens zu diesem Zweck errichtet wurden. All diese Orte, an denen Rituale zu Ehren der Götter vollzogen wurden, konnten das Beiwort ›heilig‹ erhalten – ja, das in klassischer Zeit gebräuchliche griechische Wort für ›Tempel‹, *hieron*, bedeutet, wörtlich wiedergegeben, ›das Heilige‹. ___ Dennoch ist es nicht vorrangig der Tempel, wie wir ihn in seiner architektonischen Gliederung mit Säulenumgang, Cella und dem dahinter liegenden, nur in Ausnahmefällen betretbaren ›Allerheiligsten‹ (dem *adyton*) kennen, der den heiligen Charakter eines Ortes definiert. Während der Tempel vor allem der Aufbewahrung des Götterbildes diente, war das ihn umgebende und von Grenzsteinen oder einer Mauer eingefriedete Land, der *temenos* (wörtlich: ›das Ausgeschnittene‹) derjenige Ort, an dem sich die Kultgemeinde zu Gebeten, Tänzen und Opferritualen versammelte. Alles, was sich innerhalb der Grenzen eines *temenos* befand – ein Ensemble aus natürlichen und künstlichen Lokalitäten – machte den sakralen Raum aus. Dass bereits eine bestimmte Verdichtung von naturgewachsenen, aber auf göttliche Präsenz weisenden Merkmalen und nicht erst ein monumentaler Tempelbau einen Ort als heilig ausweist, dokumentiert Sophokles' spätes Drama *Ödipus auf Kolonos*. Als Antigone mit ihrem blinden Vater nach der Verbannung aus Theben die Stadt Athen, genauer den Bezirk des Heros Kolonos, einen Hügel vor der Stadt, erreicht hat und er sie nach der Gegend fragt, in die sie gelangt sind, antwortet sie: *»Der Platz hier (...), wie man sicher erschließen kann, ist heilig: dicht bestellt mit Lorbeer, Ölbaum, Weinstock; und Wohllaut geben darinnen Nachtigallen dicht gedrängt. Hier beuge du die Glieder auf dem rohen Stein ...« (V. 16–19, ÜBERS. WOLFGANG SCHADEWALDT)* Die genauere Topografie dieses heiligen Ortes, dessen Grenzen der durch Vatermord und Inzest befleckte Ödipus im Verlauf dieser Tragödie gefahrvoll überschreitet, soll am Ende erneut bedacht werden. Zunächst jedoch noch einige grundsätzliche Bemerkungen zu den Grenzen, die die griechische Religion zwischen dem Profanen und dem Heiligen zieht. Der Polytheismus der Griechen hat eine hohe Dichte von Kultorten hervorgebracht. Beredtes Zeugnis davon legt der Reise- und Kultschriftsteller Pausanias ab, dessen *Beschreibung Griechenlands* aus dem zweiten Jahrhundert n.Chr., der sogenannte ›antike Baedeker‹, uns einen Eindruck von der Vielfalt der Heiligtümer und Kultbilder sowie von den Formen ihrer Verehrung gibt. Griechenland wird in der Beschreibung des Pausanias zu einer Landschaft bedeutungsvoller Zeichen und Monumente, die jeweils eingebunden sind in eine Vielzahl von Mythen. Das dichte Netz der Bezüge scheint kaum Raum für Profanes zu lassen: »Alles«, so könnte man mit dem Naturphilosophen Thales sagen, ist hier »voller Götter«. Vor allem die lokalen Verschiedenheiten des Götterkultes, die Verehrung ein und derselben Gottheit in unterschiedlicher Gestalt, aber auch in immer anderen Göttergemeinschaften, vermitteln sich in dieser Reisebeschreibung, und das Pantheon der zwölf olympischen Götter löst sich auf in ein Kaleidoskop religiöser Formen und Funktionen. _____ Man könnte nun vermuten, dass eine solche Omnipräsenz von Göttern den Umgang mit ihnen zu etwas nahezu Selbstverständlichem machte. Doch dem ist nicht so. Die Vielzahl der religiösen Verrichtungen, die sowohl der öffentliche und von Polis zu Polis variierende Festkalender als auch der private Lebensrhythmus einem jeden Griechen vorschrieb, steht in einer auffälligen Spannung zu dem exklusiven Charakter der Kultorte. War man einerseits beständig gehalten, diese Orte aufzusuchen, galten sie andererseits als ›unbetretbar‹, ein Wort, das im Zusammenhang mit der Topografie sakraler Bezirke häufig als Synonym für ›heilig‹ verwendet wird. *»... weiche hinweg von diesem Platz! Du stehst auf heiligem Grund, den zu betreten niemandem erlaubt«*, so mahnt der Einheimische den Fremden Ödipus, der sich im Eumeniden-Hain von Kolonos niedergelassen hat (Sophokles, *Ödipus auf Kolonos*, V. 36/37). Die Einfriedung, die den aus dem profanen Raum ›ausgeschnittenen‹ *temenos* markierte, war sogar bisweilen mit Grenzsteinen versehen, deren Inschriften einen Übertritt ausdrücklich verboten und das jeweilige Heiligtum als ›Asyl‹ auswiesen, als einen Ort, an dem man nichts berühren und von dem man nichts wegnehmen durfte (*sylan* = ›rauben‹): *»Heilige Grenze; wegnehmen verboten (asylos); wer mich überschreitet: Strafe«*, so warnt der Grenzstein eines korinthischen Tempels aus dem fünften Jahrhundert v.Chr. den Eindringling. Aber wie alle Regeln der antiken griechischen Religion wurden auch diese nicht dogmatisch gehandhabt, sondern situativ. Die Spannung zwischen der von den Göttern selbst geforderten Notwendigkeit, die Kultorte zu betreten, und dem gleichzeitigen ideellen Verbot, dies zu tun, wurde aufgehoben durch einen äußerst komplexen Kodex von Ge- und Verboten, die – je nach Gottheit, Ort und Anlass – das Verhalten des Kultteilnehmers regu-

❶

lierten. Grundsätzlich galt, dass kein Makel, keine Befleckung in das Heiligtum getragen werden durfte. Um dies zu vermeiden, ging jedem Betreten eines heiligen Bezirkes eine rituelle Reinigung, zumindest der Hände, voraus; zudem musste, wer ein Heiligtum betrat, frei sein von jedem Kontakt mit Geburt, Sexualität oder Tod – Lebensumstände, die, da sie die Grenze zwischen Leben und Tod betrafen, als gefährlich und unrein erachtet wurden. Schriftlich niedergelegte Opferkalender bestimmten, welche und wieviele Opfertiere darzubringen waren und welche Spenden ausgegossen werden durften; die Exklusivität eines Rituals konnte etwa durch das Verbot, Opferfleisch aus dem Heiligtum herauszutragen und zu Hause zu verzehren, ausgedrückt werden. Bestimmte Feste schrieben darüber hinaus besondere, etwa weiße Kleidung vor. Je höher der Grad der Reinheit und der vorbereitenden Abstinenz, desto weiter konnte der Kultteilnehmer in das Innerste des Heiligtums vordringen. So erlaubten nur die vorausgehenden ausführlichen Reinigungsrituale dem Initianden bei der Einweihung in einen Mysterienkult das Betreten des Telesterions, der Weihehalle, oder einem Kranken, der um Heilung bat, den Aufenthalt im Allerheiligsten eines Asklepios-Heiligtums, dem Inkubationsraum, in dem der Heilschlaf stattfand. Wieder andere Heiligtümer schlossen den Adoranten ganz aus ihren Grenzen aus, wie das der gefährlichen Erinnyen in Kolonos, der Rachegöttinnen, die die Einheimischen beschwichtigend Eumeniden, ›Wohlmeinende‹, nannten, und *»an denen [sie] vorübergehen blicklos, lautlos, wortlos, schweigend andächtigen Sinnes den Mund bewegend«* (SOPHOKLES, ÖDIPUS AUF KOLONOS, V. 130-33). Jenseits all dieser geographischen und kalendarischen Vorschriften jedoch – und hier zeigt sich erneut der situative Umgang mit dem Heiligen – erfüllten heilige Bezirke in der griechischen Antike überall und ohne Unterschied auch die Funktion, Verfolgten und Fremden Schutz zu bieten. Sie waren, das deutet die zitierte Warnung des korinthischen Grenzsteins bereits an, Orte des Asyls – eine Tradition, deren Spuren sich in Form des Kirchenasyls bis in unsere Zeit erhalten haben, wenngleich die weltlichen Mächte seit eh und je gegen dieses Sakralrecht opponieren. Die besondere Grenzüberschreitung, die der oftmals wegen einer Blutschuld verfolgte und daher als unrein geltende Schutzflehende vornahm, wenn er in einem Heiligtum um Aufnahme bat, strapazierte die Reinheitsgesetze der grie-

❶ 5/243 Steinfigur der Maisgöttin Chicome Coatl *Der Höhepunkt des jährlichen Festzyklus bei den Azteken war das Erntefest Ochpanitztli im September. Im Zentrum stand die Maisgöttin »Chicome Coatl« (Sieben Schlange) mit ihren Attributen, dem doppelten Maiskolben und dem Rasselstab, der bei allen Fruchtbarkeitsritualen zum Einsatz kam. Dargestellt wird sie in der typischen Kleidung aztekischer Frauen: im langen Rock (cueitl), darüber dem dreieckigen Hemd (quechquemitl) mit einer ausladenden Kopfbedeckung aus Rindenpapier, die mit Rosetten bedeckt war.* Staatliche Museen zu Berlin, Ethnologisches Museum, Abt. Amerikanische Archäologie (IV Ca 6103) **❷ HOROS ASYLIAS** — Grenze des Asyls Grenzstein aus Korinth mit »heiligem Gesetz«, Anfang 5. Jh.v.Chr. **❸ Jasos,** Grenzstein des Zeus Megistos, 4. Jh.v.Chr. **❹ Grenzstein der Nymphen** in Athen, Ende 5. Jh.v.Chr.

chischen Religion aufs äußerste. Um dieser Transgression entgegenzuwirken, vollzog der Asylsuchende ein umfangreiches Ritual, das seinen Status dokumentierte und seinen Aufenthalt im Heiligtum legitimierte – die *Hikesie*, wörtlich: ›das Ankommen‹ in der Fremde, und dann im übertragenen Sinne: ›die Bitte‹ um Schutz. Das Ritual der Hikesie basiert auf dem physischen Kontakt zum heiligen Inventar, vorrangig einem Herd, einem Altar oder einem Götterbild. So geht die Unberührbarkeit des Heiligen auf den Schutzflehenden über und macht ihn gegenüber seinen Feinden immun. Wer eine Hikesie vollzieht, gilt als heilig, auch wenn er befleckt und unrein ist. Über die Berührung hinaus signalisiert der Bittsteller seinen Status durch mit Wolle umwundene Ölzweige – ein weiteres Zeichen der Reinigung und Heiligung des Befleckten – und seine geduckte oder kniende Körperhaltung, mit der er sich dem Schutz der Gottheit überantwortet. Die magische Bedeutung der Berührung des Heiligen kommt auch dann zur Geltung, wenn der Asylsuchende sich direkt an eine Person wendet, die dem Heiligtum oder der zu ihm gehörenden politischen Gruppe vorsteht, also an einen Priester oder König. In diesem Fall sind es vor allem die Knie des Adressaten, der vermeintliche Ort der Zeugungs- und Lebenskraft, deren Berührung den Schutz verbürgt. *Hominis genibus religio inest* – »in den Knien des Menschen ist Religion«, so weiß noch Plinius im ersten Jahrhundert n.Chr. zu berichten, und daher, so folgert er, werden sie wie Altäre verehrt (*Naturalis historia* 11, 103). ──── Ein frappierendes historisches Beispiel für das Vertrauen auf den Kontakt zum heiligen Ort stellt das Schicksal des Kylon und seiner Anhänger dar, die im Jahre 632 v.Chr. nach einem missglückten Versuch, sich der Herrschaft über Athen zu bemächtigen, am Altar der Athena auf der Akropolis Schutz vor ihren Verfolgern suchten. Als sie von dort weggeführt wurden, banden sie sich, um sich dennoch des Schutzes der Göttin zu vergewissern, mit einem Seil an der Statue der Athena fest. Das Seil riss jedoch beim Abstieg von der Burg, und so war der göttliche Schutz aufgehoben. Damit, so die Deutung des Geschehens durch antike Schriftsteller, waren sie ihren Verfolgern ausgeliefert und konnten getötet werden (Herodot 5,71; Thukydides 1, 126; Plutarch, Solon 12). ──── Vor allem in der literarischen Überlieferung der griechischen Antike dienen Hikesie-Szenen dazu, den imaginären Raum der Handlung spannungsvoll zu strukturieren. Wer eine Hikesie vollzieht, befindet sich in einem Limbo zwischen Leben und Tod, sein Schicksal hängt an einem seidenen Faden, und der Aufenthalt im Heiligtum wird zur Passage, bevor im Idealfall die geglückte Aufnahme den Schutzflehenden wieder in die Gesellschaft eingliedert. So ist es kein Zufall, dass Homers *Odyssee* die Ankunft des Odysseus bei den Phäaken, in jenem unwirklichen Reich zwischen der mythischen Welt der Ungeheuer und Zauberinnen und der realen Welt des heimatlichen Ithaka, in einer Folge von Hikesie-Szenen präsentiert. Wie eine Neugeburt gestaltet sich die Aufnahme im Palast des Phäakenkönigs Alkinoos und seiner Gattin Arete: Nachdem Odysseus die Knie der Königin umschlungen und sich danach an den Herd des Palastes gesetzt hat, wird er vom König rituell vom Boden ›aufgehoben‹ und zum Zeichen seiner Anerkennung und Integration auf den Lehnstuhl des Königssohnes gesetzt (Odyssee 7, 133-171). ──── Im fünften Jahrhundert v.Chr. inszeniert der Tragödiendichter Aischylos die Flucht der fünfzig Danaos-Töchter vor ihren Cousins, den fünfzig Söhnen des Aigyptos, ebenfalls als Hikesie. Im Eingangsstück der Danaiden-Trilogie, den *Schutzflehenden*, haben sich die Danaiden mit den Insignien des Schutzflehens ausgestattet. Sie lassen sich am Altarhügel der zwölf Götter in Argos nieder und bitten den dortigen König Pelasgos um Hilfe. Das Drama behandelt in langen lyrischen Passagen die Angst der fünfzig Frauen vor der sexuellen Gewalt ihrer Verfolger. Ihr Status als Schutzflehende korrespondiert mit ihrer jungfräulichen Unberührtheit, die zu bewahren sie nach Argos geflohen sind. Und während Pelasgos aus Angst vor einem Krieg mit den Verfolgern zögert, der Hikesie stattzugeben, sehnen die Danaiden in ihren Liedern vielfältige Todes-Szenarien herbei, um der Ehe mit den Cousins zu entgehen. Der als Hikesie ausgewiesene Aufenthalt in den Grenzen des Heiligtums bezeichnet in dieser Tragödie zugleich einen anderen Übergang: nämlich den vom Mädchen zur Ehefrau. Die gewaltsame Inbesitznahme der Frau durch den Mann, als die die Ehe in der griechischen Antike empfunden wurde, stellte das Eheritual als Tod der Braut symbolisch nach. Wer den

Mythos kennt, weiß, dass nicht die Danaiden, sondern die Ehemänner bei der folgenden Bluthochzeit sterben werden. Der heilige Raum der Handlung, der durch das Ritual der Hikesie in seinen Grenzen konturiert wird, erweist die realen und imaginierten Gewalttaten in einem besonderen und mehrfachen Sinne als Grenzüberschreitungen – und das bedeutet in der Tragödie immer auch: als Überschreitungen der Grenze zwischen Menschen und Göttern. _____ Kehren wir noch einmal zurück zur Transgression des Ödipus, der sich nach langer Wanderung von Theben nach Athen im Eumeniden-Heiligtum von Kolonos, wohlgemerkt auf einem unbehauenen Stein, niederlässt. Die Einheimischen sind entsetzt; nur ein Fremder, der die Bestimmungen des Ortes und die gefährlichen Gottheiten nicht kennt, kann so etwas tun. Denn Ödipus ist hier in ein Gelände eingedrungen, das nicht nur mächtigen Gottheiten – Poseidon, Prometheus, dem Heros Kolonos und den Eumeniden – geweiht ist, sondern in dessen Innerstem sich darüber hinaus eine »erzfüßige Schwelle« (v. 57) befindet, eine eherne Treppe, die, so die Andeutungen am Ende des Dramas, in die Unterwelt führt. Der durch Steine, Schwellen und Stufen markierte Raum dieses heiligen Haines entrückt Ödipus, dem es vom Orakel des Apollon bestimmt ist, hier sein Leben zu beenden, bereits in eine Art ›Vorhof‹ des Jenseits. Schon ist es den Einheimischen nicht mehr möglich, mit ihm zu kommunizieren: »Weit trennt der Pfad uns« (v. 162/3), so rufen sie ihn an und: *»Doch wenn du eine Sache willst bringen ins Gespräch mit mir, so tritt von dem Unbetretbaren hinweg, und dort, wo es allen erlaubt ist, rede.« (v. 166–169).* _____ Ödipus gibt sich hier in einem ganz besonderen Sinne als Schutzflehender zu erkennen. Seine Bitte um Aufnahme, die er an die Eumeniden richtet (v. 44), gilt nicht, wie bei einer konventionellen Hikesie, einem Ort zum Leben, sondern einem Ort zum Sterben. Der Weg, den er zwischen der Ankunft im Hain von Kolonos und seiner endgültigen Entrückung am Ende der Tragödie zurücklegt, lässt sich nicht rekonstruieren, schon gar nicht als lineare Strecke. Wo Ödipus geht und steht, scheinen sich vielmehr Grenzen aufzutun, vor deren Überschreitung die Einheimischen immer wieder warnen. Doch gerade in dieser grenzüberschreitenden Passage liegt die Bestimmung dieses Heros am Ende seines Lebens, und an keinem Ort findet dieses Leben einen sinnvolleren Abschluss als in jenem unbetretbaren heiligen Hain, der das Jenseits mit dem Diesseits verbindet. _____ Die Schutzfunktion heiliger Räume ist ein kulturübergreifendes Phänomen. Als einzigartig mag jedoch die literarische Überformung angesehen werden, die Hikesie-Konflikte in der antiken griechischen Kultur, zumal in der attischen Tragödie des fünften Jahrhunderts v.Chr., erfahren haben. Diese Literaturgattung bedient sich in besonders auffälliger Weise des heiligen Raumes – ja, als Bestandteil des Dionysos-Heiligtums am Südhang der Akropolis ist das Theater selbst ein heiliger Ort, an dem Kult und Literatur eine enge Verbindung eingehen. Sichtbares Zeichen dieser Verschränkung ist der Altar in der Orchestra des antiken Theaters, der in vielen Tragödien als Ort der Götterpräsenz und ihres Schutzes den Raum gliedert und das Zentrum des Konfliktes bildet. Dramenfiguren, die zu diesem Ort ihre Zuflucht nehmen, sind über den bloßen Asylantenstatus hinaus auf besondere Weise in den Raum der Götter eingetreten. Damit haben sie die Grenzen des Menschendaseins verlassen und befinden sich auf der gefahrvollen Gratwanderung zwischen Hybris und gottgewollter Größe, anders gesagt: zwischen Untergang und ewiger Glückseligkeit. Der Ausgang der Tragödie erweist, ob der Mensch dem heiligen Raum gewachsen ist.

NEIGE DICH GEGEN DIE ERDE, DEINE MUTTER! MÖGE SIE DICH RETTEN VOR DEM NICHTS!

→ **Deutschland**

Berlin
Deutsches Historisches Museum
Islamische Gemeinschaft deutschsprachiger
Muslime und Freunde des Islam Berlin
Peter Scheffel
Staatliche Museen zu Berlin
Ägyptisches Museum und Papyrussammlung
Antikensammlung
Ethnologisches Museum (Amerikanische Archäo-
logie | Abteilung Afrika | Islamischer Orient
| Abteilung Ostasien | Abteilung Amerikani-
sche Ethnologie | Abteilung Süd- und Südosta-
sien | Abteilung Südsee | FR Musikethnologie)
Museum für Indische Kunst
Museum für Islamische Kunst
Museum für Spätantike und Byzantinische Kunst
Museum für Vor- und Frühgeschichte
Vorderasiatisches Museum
Staatsbibliothek zu Berlin — Preußischer
Kulturbesitz (Kartenabteilung | Orient-
abteilung)
Bordesholm
Brigitte Schirren
Bremen
Übersee-Museum Bremen
Frankfurt am Main
Museum für Kunsthandwerk
Museum für Kunsthandwerk, Ikonen-
museum der Stadt Frankfurt am Main –
Stiftung Dr. Schmidt-Voigt
Museum für Völkerkunde
Städtische Galerie Liebieghaus
Hamburg
Iran Museum Hamburg
Museum für Kunst und Gewerbe
Heidelberg
Völkerkundemuseum der von Portheim-
Stiftung, Heidelberg
Karlsruhe
Badisches Landesmuseum Karlsruhe
Klaus Heid, Karlsruhe
Kirchheim unter Teck – Nabern
Evangelische Kirchengemeinde Nabern
Köln
Römisch-Germanisches Museum,
Archäologische Bodendenkmalpflege
Leipzig
Museum für Völkerkunde zu Leipzig
Mannheim
Völkerkundliche Sammlungen
im Reiss-Museum Mannheim
München
Bayerisches Nationalmuseum
Bayerische Staatsbibliothek München
Prähistorische Staatssammlung – Museum
für Vor- und Frühgeschichte – München
Staatliches Museum für Völkerkunde
Recklinghausen
Ikonen-Museum Recklinghausen
Sinsheim
Privatsammlung Sinsheim
Stuttgart
Linden-Museum Stuttgart
Württembergisches Landesmuseum Stuttgart

→ **Frankreich**

Paris
Bibliothèque nationale de France
Musée Carnavalet

→ **Großbritannien**

London
The British Museum
Department of Oriental Antiquities

→ **Österreich**

Bad Deutsch-Altenburg
Niederösterreichisches Landesmuseum –
Archäologischer Park Carnuntum
Wien
Jüdisches Museum der Stadt Wien
Österreichische Nationalbibliothek
SIAWD (Slg. v. Inkunabeln, alten und wertvol-
len Drucken)

→ **Schweiz**

Avenches
Site et Musée Romains d'Avenches
Basel
Museum der Kulturen Basel, Schweiz
Zürich
Verlag Ricco Bilger

119

→ fugen der zeit

5/1 a-j Aus einer Serie von Zeichnungen der Waurá, eines brasilianischen Indianerstammes a) Fischfang Zeichner: Karatipá **b) Waurá-Dorf** Zeichner: Karatipá **c) Fische** Zeichner: Kupatenragá **d) Fuchs-Masken** Zeichner: Itsautak **e) Drei Männer blasen die Kauká-Flöte** Zeichner: Yacinto **f) Apasa, ein im Wald lebendes Wesen** Zeichner: Takaru **g) Schlange** Zeichner: Malakuyawá **h) Wildschweine in der Maniokpflanzung** Zeichner: Karatipá **i) Beuteltier und Kröte** Zeichner: Kupatenragá **j) Die Geschichte vom Sandfloh** Zeichner: unbekannt.
Waurá/Alto Xingu | Brasilien, 1978-1980 | Entnommen der Publikation: Vera Penteado Coelho, Die Waurá. Mythen und Zeichnüngen eines brasilianischen Indianerstammes, Leipzig und Weimar 1986 | Fotoreproduktionen | Leipzig, Gustav Kiepenheuer Verlag | Die Originale sind im Besitz von Dr. Vera Penteado Cuelho, Vila Nova Conceição S. P., Brasilien.

5/2 Fallklappen-Anzeigetafel aus dem Schalterbereich des Rhein-Main-Flughafens. Frankfurt am Main, 1972/75
Elektronische Anzeigetafel für Ankunfts- und Abflugszeiten | Berlin, Deutsches Historisches Museum (AK 99/78)

5/3 Siebengötterstein mit Saturn, Sol, Luna, Mars, Mercur, Jupiter, Venus
Stein, H 70 cm, Dm 52 cm | Württembergisches Landesmuseum Stuttgart (RL 56,8)

5/4 Skulptur des Sarapis als Agathos Daimon
ca. 2./3. Jh.n.Chr. | Terrakotta, H 19 cm | Hamburg, Museum für Kunst und Gewerbe (1990.43)

5/5 Venus, in der Linken einen Apfel haltend
kaiserzeilich | Bronze, H 10,3 cm | Staatliche Museen zu Berlin, Antikensammlung (30219. 906)

5/6 Jupiter mit Zepter und Blitzbündel
kaiserzeitlich | Bronze, H 10,4 cm | Staatliche Museen zu Berlin, Antikensammlung (Fr. 1857)

5/7 Merkur
kaiserzeitlich | Bronze, H 10,5 cm | Staatliche Museen zu Berlin, Antikensammlung (Fr. 1910)

5/8 Mars in voller Rüstung
kaiserzeitlich | Bronze, H 9 cm | Staatliche Museen zu Berlin, Antikensammlung (Fr. 1924)

5/9 Luna- oder Dianabüste
Bronze, dunkelgrüne Patina, H 7,4 cm | Bad Deutsch-Altenburg, Niederösterreichisches Landesmuseum – Archäologischer Park Carnuntum (12029)

5/10 Kopf des Sol
Bronze, H 3,5 cm | Köln, Römisch-Germanisches Museum, Archäologische Bodendenkmalpflege (Metall 776)

5/11 Osterzyklus des Dionysius Exiguus
6. Jh. | Fotoreproduktion | Original: Marmor, 90 x 95 cm | Ravenna, Museo Arcivescovile (no.inv. 293.65 F)

5/12 Kalendertafel des Beda Venerabilis
Reproduktion | Das Original befindet sich in der Badischen Landesbibliothek Karlsruhe.

5/13 Katalonische Weltkarte
1375 – 77 | Abraham Cresques und Sohn Judah (zugeschrieben) | Blatt 2a und 2b | Faksimile Dietikon 1977, 71 x 53 cm | Staatsbibliothek zu Berlin – Preußischer Kulturbesitz (2° Kart. 14074)

5/14 Einblattdruck
Paul Fabricius Anleitung zum brauch des verneuten Calenders, welcher auff der Röm: Khay: Mt: rc. vnsers Allgnädigsten herrn rc. beuelch, auf diß 1583 Jar im Octobri. angestelt wird. Wien, bey Michaeln Apffeln
Nicht vor dem 6. September 1583 | In Rot und Schwarz gedruckt, mit kleinen Tierkreis- und Mondzeichen im Kalendarium, gedruckte ornamentale Einfassung | Folio, 52,5 x 38,5 cm | Wien, Österreichische Nationalbibliothek, Sammlung von Inkunabeln, alten und wertvollen Drucken (SIAWD / Alt Rara 304514-F)

5/15 Tabula chronologica
1823 | gemalt vom Weber Michael Zimmermann | Tafelbild, Öl auf Holz, 80 x 70 cm | Kirchheim unter Teck-Nabern, Evangelische Kirchengemeinde Nabern

5/16 Taschenuhr aus der Zeit nach Einführung des revolutionären Kalenders
6 Zifferblätter | Silber, weißes Email, Glas, Dm 6,2 cm, H 2,4 cm | Paris, Musée Carnavalet (OM 92)

5/17 François-Marie-Isidore Quéverdo
Nouveau calendrier de la République française pour l'an III: Automne – Hiver 1794-1795 et Printemps-Eté 1795 | Paris, 1795 | Kupferstich, 27,7 x 24 cm | Paris, Bibliothèque nationale de France, Dépt. des Estampes et de la Photographie

5/18 Fruchtbarkeitsidol
Tonstatuette mit Streifenbemalung | 6./5. Jahrtausend v.Chr. | Ton, H 5,9 cm | Staatliche Museen zu Berlin, Vorderasiatisches Museum (VA 12518)

5/19 Fruchtbarkeitsidol
Tonstatuette mit Streifenbemalung | 6./5. Jahrtausend v.Chr. | Ton, H 5,7 cm | Staatliche Museen zu Berlin, Vorderasiatisches Museum (VA 12517)

5/20 Statuette einer sitzenden Göttin
Fundort unbekannt, um 2000 v.Chr. | Alabaster, H 11,6 cm | Staatliche Museen zu Berlin, Vorderasiatisches Museum (VA 4854)

5/21 Statuette einer Fürbitterin
Fundort unbekannt, 18./17. Jh.v.Chr. | Bronze (Kupfer?), Gold, H 23,5 cm | Staatliche Museen zu Berlin, Vorderasiatisches Museum (VA 2845)

5/22 Weibliches Idol
roter Ton, Reste von Bemalung, 7 x 2,5 x 2 cm | Staatliche Museen zu Berlin, Museum für Vor- und Frühgeschichte (IV a 807m Cucuteni)

5/23 Violinsymbol
grauer Stein, 9,5 x 8 x 2 cm | Staatliche Museen zu Berlin, Museum für Vor- und Frühgeschichte (Sch 7408-7435/1)

5/24 Violinsymbol
gelblicher Stein, 7,5 x 2,5 cm | Staatliche Museen zu Berlin, Museum für Vor- und Frühgeschichte (XIb 26 Troia)

5/25 Violinsymbol
schwärzlicher Stein, 7,5 x 3 x 1 cm | Staatliche Museen zu Berlin, Museum für Vor- und Frühgeschichte (Tr. 15)

5/26 Violinsymbol
weißer Stein, 6 x 3 x 0,5 cm | Staatliche Museen zu Berlin, Museum für Vor- und Frühgeschichte (Tr. 40)

5/27 Weibliches Idol
roter Ton, 5 x 2 x 2 cm | Staatliche Museen zu Berlin, Museum für Vor- und Frühgeschichte (IV a C. 45)

5/28 Statuette
rötlicher Ton, 13 x 8,5 x 5 cm | Staatliche Museen zu Berlin, Museum für Vor- und Frühgeschichte (IV c. 501)

5/29 Weibliches Idol
roter Ton, 8 x 4,5 x 2 cm | Staatliche Museen zu Berlin, Museum für Vor- und Frühgeschichte (IV a 1521)

5/30 Weibliches Idol
roter Ton, 5 x 4 x 1,5 cm | Staatliche Museen zu Berlin, Museum für Vor- und Frühgeschichte (IV a C. 42) **3209**

5/31 Weibliches Tonidol mit kleinem Bronzeohrring
Ton, 7 x 4 x 2 cm | Staatliche Museen zu Berlin, Museum für Vor- und Frühgeschichte (XI c 4872/1976)

5/32 Weibliches Idol
Iran, um 2000 v.Chr. | Marmor, H 19 cm | München, Prähistorische Staatssammlung – Museum für Vor- und Frühgeschichte (PS 1984, 3422)

5/33 Weibliches Idol
Rumänien, Mitte 4. Jahrtausend v.Chr. | Ton, gebrannt, H 13,5 cm | München, Prähistorische Staatssammlung – Museum für Vor- und Frühgeschichte (PS 1984, 3445)

5/34 Weibliches Idol
Türkei, Aus der Gegend von Afyon oder Adana, um 3000 v.Chr. | Ton, H 11,5 cm | München, Prähistorische Staatssammlung – Museum für Vor- und Frühgeschichte (PS 1978, 733)

5/35 Weibliches Idol
Kykladen, 1. Hälfte 3. Jahrtausend v.Chr. | Marmor, H 20,4 cm | München, Prähistorische Staatssammlung – Museum für Vor- und Frühgeschichte (PS 1984, 3449)

5/36 Trauernde Demeter mit der eleusinischen Schlange im Schoß
Tarentinisch, Mitte 4. Jh.v.Chr. | Bronze, H 12,1 cm | Staatliche Museen zu Berlin, Antikensammlung (30794)

5/37 Bronzestatuette einer opfernden Frau
2. Jh.v.Chr. | Bronze, H 24,8 cm | Staatliche Museen zu Berlin, Antikensammlung (Fr. 2100)

5/38 Terrakottastatuette einer Göttin, sog. Totenbraut
Möglicherweise aus dem Fajum, 2./3. Jahrhundert | Terrakotta, H 30 cm, B 8,5 cm | Hamburg, Museum für Kunst und Gewerbe (1989.748)

5/39 Ägyptische Göttin, sog. Totenbraut
1. Jh.v.Chr. - 1. Jh.n.Chr. | Terrakotta, H 22,5 cm | Staatliche Museen zu Berlin, Ägyptisches Museum und Papyrussammlung (13247)

5/40 Bronzestatuette der Fortuna Panthea
kaiserzeitlich | Bronze, H 17,4 cm | Staatliche Museen zu Berlin, Antikensammlung (30219. 905)

5/41 Isis-Tonaltärchen
Aus dem Fajum, 1.H. 2.Jh. | Rotbrauner, Ton, 14 x 10 x 4 cm | Frankfurt am Main, Städtische Galerie Liebieghaus (X.11.534)

5/42 Terrakottastatuette einer Orantin
4.-6. Jh. | Ton, bemalt, H 23,5 cm | Ikonen-Museum Recklinghausen (532)

5/43 Terrakottastatuette einer Orantin
Fundort unbekannt, 4.-6. Jh. | Ton mit Stucküberzug, H 15,5 cm, B 10,5 cm | Ikonen-Museum Recklinghausen (540)

5/44 Torarolle (mit beigegebenem Torawimpel, datiert 1870)
Deutschland, 19. Jh. | Pergament, Querrolle, H 70 cm | Staatsbibliothek zu Berlin - Preußischer Kulturbesitz (Ms. or. fol. 3360)

5/45 Darstellung der römischen Wölfin, die die Zwillinge Romulus und Remus säugt
Ende 2. od. 3. Jh.n.Chr. | Kopie des Original-Kalksteinreliefs | Gips, 58 x 110 x 43 cm | Avenches, Site et Musée Romains d'Avenches

5/46 Erste Predigt des Buddha
Amaravati, 2. Jh.n.Chr. | Relief aus Talkschiefer, 28,5 x 39,5 cm | Staatliche Museen zu Berlin, Museum für Indische Kunst (MIK I 5935)

5/47 Geburt Christi
Nowgoroder Schule, 16. Jh. Temperalmalerei auf Holz, 40 x 33,5 cm | Staatliche Museen zu Berlin, Museum für Spätantike und Byzantinische Kunst (9652 Skulpturengalerie)

5/48 Grabstele des Pusei und Kosmas
Aus Medinet el-Fajum, 703 n.Chr. | Kalkstein, 59 x 26 cm | Staatliche Museen zu Berlin, Museum für Spätantike und Byzantinische Kunst (4477)

5/49 Mihrab-Platte in Form einer Gebetsnische
Schriftbänder im Kufi-Duktus | Ghasni (Afghanistan), 12. - 13.Jh. | Marmor, 70 x 40 cm | Schenkung von Horst und Eva Engelhardt, Mannheim (1988) | Völkerkundliche Sammlungen im Reiss-Museum Mannheim (II As 6070)

5/50 Jakobinermütze
Frankreich, nach 1792 | Wolle, Seide, Papier, Baumwolle, bestickt, 59 x 26,5 cm | Berlin, Deutsches Historisches Museum (1988/1347)

5/51 Bahá'u'lláh (Mirza Husayn Ali)
Die verborgenen Worte | Hofheim-Langenhain, 1983 | aufgeschlagen: Seite 1-2 | Berlin, Peter M. Scheffel

5/52 1-37 Hans Gygax | 37 Blätter aus: Das Weltende in Kürze – Das Überwissenschaftliche als Ärgernis
Verlag Ricco Bilger, Zürich 1994 | S. 228, 151-159; 260-277; 299-307 | Typoskript, Papier, Handzeichnung, Collage, 27,9 x 21 cm | Zürich, Verlag Ricco Bilger

→ unterwegs

5/53 Torawimpel
Österreich (?), 1830 | Leinen, Seidengarn, genäht, gestickt, L 300 cm, B 17 cm | Jüdisches Museum der Stadt Wien (617)

5/54 Misrach
Polen, 1851 | Stanzspitze, Papier, Karton, Tusche, gestanzt, geschnitten, geklebt, geschrieben, 30,2 x 25,5 cm | Jüdisches Museum der Stadt Wien (St 1594)

5/55 Challa-Deckchen
Wien, Anfang 20. Jh. | Seide, Silberkordel, gelber Chintz, bedruckt, 51 x 55 cm | Jüdisches Museum der Stadt Wien (3341)

5/56 Kiddusch-Becher
Wien, um 1900 | Silber, getrieben, graviert, H 16 cm; Dm Mundrand 7,6 cm | Beschauzeichen: Wiener Amtspunze für 13-löthiges Silber ab 1872 | Jüdisches Museum der Stadt Wien (3603)

5/57 Bsamim-Behältnis
Mitteleuropa, Mitte 19. Jh. | Silber, Silberfiligran, gemodelt, gouillochiert, gelötet, H 28,5 cm, unterer Dm 6,3 cm | Jüdisches Museum der Stadt Wien (6774)

5/58 Henkelbecher für Pesach
Osteuropa (?), Anfang 20. Jh. | Steingut, bemalt, glasiert, H 9 cm, Dm 7,7 cm | Jüdisches Museum der Stadt Wien (2846)

5/59 Sukkot-Aufsatz
Wien, 1858 | Silber, teilweise vergoldet, getrieben, punziert, reliefiert, graviert, gegossen | 47 x 36 x 27 cm | Jüdisches Museum der Stadt Wien (215)

5/60 Schofar
Mitteleuropa, um 1900 | Horn, geschnitzt, L 45 cm | Jüdisches Museum der Stadt Wien (2772)

5/61 Chanukka-Leuchter
Berlin, vor 1820 | Silber, getrieben, graviert, ziseliert, geschraubt, 17,5 x 16 x 6,4 cm | Beschauzeichen: Berlin 1817-1819, Meisterzeichen: FWB | Jüdisches Museum der Stadt Wien (1013)

5/62 Handkreuz eines Priesters
Äthiopien, Amhara (Gondar), 17. Jh. | Eisen, gegossen, 18 x 5 cm | Linden-Museum Stuttgart (A 33.128)

5/63 Messkelch
Äthiopien, Amhara (Addis Abeba), 19. Jh. | Kupfer, Messing, getrieben, gelötet, | H 12 cm, Dm oben 13, 5 cm, unten 8, 5 cm | Linden-Museum Stuttgart (82. 302)

5/64 Weihrauchfass
Äthiopien, Amhara (Addis Abeba), 18. Jh. | Messing, Kupfer, gegossen und geschmiedet, H 80,5 cm | Linden-Museum Stuttgart (F 55 452)

5/65 Sistrum (Priesterrassel)
Äthiopien, Amhara (Addis Abeba) | Messing (Guss, durchbrochen), Holz, 23 x 3,5 cm | Linden-Museum Stuttgart (62 502)

5/66 Messglöckchen
Äthiopien, Amhara (Addis Abeba), 19. Jh. | Messingguss, roh bearbeitet, Schwengel aus Eisen, 5 x 3,5 cm | Linden-Museum Stuttgart (40 414)

5/67 Prozessionskreuz
Äthiopien, Amhara (Addis Abeba), 18. Jh. | Messing, durchbrochen, ca. 30 x 40 cm | Linden-Museum Stuttgart (62 499)

5/68 Heiligenbild des Gabra Manfes Qeddus
Äthiopien, Amhara (Addis Abeba), 20. Jh. | Holzschnitzerei im Flachrelief, leicht bemalt, H 27 cm | Linden-Museum Stuttgart (81 886)

5/69 Pergamentbild der Amhara
Äthiopien (Addis Abeba), 20. Jh. | Pergament, Ölfarben, 87 x 89 cm | Linden-Museum Stuttgart (37 042)

5/70 Pergamentbuch im Lederetui
Äthiopien, Amhara (Addis Abeba), 18. Jh. | Pergament, Holz, Leder, Stoff, Schrift in roter und schwarzer Tinte | 186 Blatt, 18 x 12,3 cm | Linden-Museum Stuttgart (40 429 a, b)

5/71 Gebetbuch
Äthiopien | 34 Doppelseiten | Pergament, Holz, Schnur, 6,5 x 5 cm | Linden-Museum Stuttgart (A 37 678)

5/72 Gebetbuch
Äthiopien, Amhara (Prov. Shoa) | Holzeinband, Pergament, Ledereinband (Tasche), 28 x 21 x 6 cm (geschlossen) | Linden-Museum Stuttgart (51 864)

5/73 Pergamentrolle
Amuletrolle gegen Krankheiten und Vergiftungen | Äthiopien, Amhara,18. Jh. | Pergament, rote und schwarze Tinte, 152 x 4,4 cm | Linden-Museum Stuttgart (90. 418)

5/74 Dreiteiliger Halskettenanhänger:
Ohrlöffel, Dornentferner (Nadel) und Pinzette | Äthiopien, Amhara (Addis Abeba), 20. Jh. | Eisen, Leder | Ohrlöffel 5 x 1 cm, Dorn 5 cm, Pinzette 5 cm | Linden-Museum Stuttgart (62. 449 a, b, c)

5/75 Amulettanhänger
Äthiopien, Amhara (Prov. Godjam), 19. Jh. | Silber (Filigran), Lederkette, Behälter ca. 5 x 8 cm (mit Kegelchen) | Linden-Museum Stuttgart (40.462)

5/76 Halskette mit Amulettkapseln
Äthiopien, Amhara (Godjam), 19. Jh. | Filigranarbeit, Silber getrieben, blauer Baumwollstoff, L 52 cm | Linden-Museum Stuttgart (65. 653)

5/77 Amulett-Halskette
mit vier ledernen und acht silbernen Kapseln | Äthiopien, Amhara (Debremarkos), 19. J | Silber (Filigran), Leder, Baumwollschnur, Glasperlen, L 34 cm | Linden-Museum Stuttgart (40 463)

5/78 Amulett-Halskette
Äthiopien, Amhara (Debremarkos), 19. Jh. | Silber, teilweise vergoldet, Filigran, blaue Baumwollschnur, L 100 cm | Linden-Museum Stuttgart (40 464)

5/79 Anhängekreuz der Tigray
Äthiopien, Tigray (Aksum) | Guss in verlorener Form, anschließend durchbrochen, ca. 6 x 4 cm | Linden-Museum Stuttgart (34 473)

5/80 Anhängekreuz der Oromo
Äthiopien, Oromo (Prov. Shoa) | Silber, Filigran, 7 x 5 cm | Linden-Museum Stuttgart (A 34.446)

5/81 Anhängekreuz der Oromo
Äthiopien (Prov. Wollega) | Silber, Filigran, 12 x 8,7 cm | Linden-Museum Stuttgart (A 34.471)

5/82 Anhängekreuz der Amhara
Äthiopien (Addis Abeba) | Alabaster, geschnitten, 4 x 3 cm | Linden-Museum Stuttgart (62 494)

5/83 Anhängekreuz der Amhara
Äthiopien (Addis Abeba) | Messing, geschnitten, graviert, 4 x 3 cm | Linden-Museum Stuttgart (90.409)

5/84 Konversionsschreiben eines zum Islam übergetretenen Christen
Papier, 29,7 x 21 cm | Berlin, Islamische Gemeinschaft deutschsprachiger Muslime und Freunde des Islam

5/85 Koran
Kalligraphische Handschrift von Abd al Kadir al Husain | illuminiert, Originaleinband | Indien, um 1660 | Leder mit Goldprägung, 43 x 31 cm | Linden-Museum Stuttgart (A 37.646)

5/86 Koranständer
Damaszener Arbeit | Damaskus, 19. Jh. | Holz, Perlmutt, 47 x 68 x 21 cm | Linden-Museum Stuttgart (A. 40.178)

5/87 Gebets-Tuch
Indien, 19. Jh. | Goldapplikation, 90 x 78 cm | Linden-Museum Stuttgart (A 39.409 L)

5/88 Ensemble eines in Leder gefassten Ge-betsfells der Kanuri aus Nigeria mit Qadiri-Rosenkranz, rechts zwei Tigani-Rosenkränze aus Dikwa.
Kalbfell(?), gegerbt und mit rotem Leder ge-säumt, 169 x 109 cm | Qadiri-Rosenkranz, Holz, Baumwolle, L 41 cm | Tigani-Rosenkränze, Kunststoff, Baumwolle, L 47cm und 42 cm | Linden-Museum Stuttgart (F 54.601, F 54.584, F 54.585, F 54.586)

5/89 Gebetsmatte
Tansania (Shambala) | wilde Dattelpalmen-Blattfasern, geflochten, 162 x 75 cm | Linden-Museum Stuttgart (113.166)

5/90 Qibla-Kompass zur Bestimmung der Ausrichtung nach Mekka beim Gebet
Persien, 18.-19. Jh. | Messing, Dm 6,2 cm | Staatliche Museen zu Berlin, Museum für Isla-mische Kunst (I. 1988.67)

5/91 Gebetszeitenkalender 1999/2000 für Deutschland
Holz, Papier, 50 x 20 x 6 cm | Berlin, Islamische Gemeinschaft deutschsprachiger Muslime und Freunde des Islam

5/92 Einzelblatt aus einer Prophetenbio-graphie für Murad III., (reg. 1574-1595)
Mohammed im Gespräch mit den Propheten Moses und dem Erzengel Gabriel | Istanbul, En-de 16. Jh. | Einzelblatt aus einer Handschrift; Papier, Gouachefarben, 31 x 20,5 cm | Staatliche Museen zu Berlin, Museum für Islamische Kunst (I. 26/76)

5/93 Ramadan-Lampe
Syrien, 19. Jh. | Messing, Eisendraht, Perga-ment, H 43 cm, Dm 13, 3 cm | Linden-Museum Stuttgart (81. 722 Slg. Eutin)

5/94 Spendentüte für Almosen mit Aufdruck »Zakkat«
Berlin, Islamische Gemeinschaft deutschspra-chiger Muslime und Freunde des Islam

5/95 Pilgergewand
Leinen, Baumwolle | Berlin, Islamische Gemein-schaft deutschsprachiger Muslime und Freunde des Islam

5/96 Prospekte und Merkzettel für die Pil-gerfahrt von in Berlin ansässigen Touristik-Unternehmen
Berlin, Islamische Gemeinschaft deutschspra-chiger Muslime und Freunde des Islam

5/97 Gebete und Litaneien zum Lobe des Propheten des Al Gazuli (15. Jh.)
Türkei, 18. Jh. | Manuskript, in Leder gebunden, schwarze u. rote Tusche auf Papier, Golddekor | Illustrationen: Mineral-, Erdfarben und Gold-malerei auf Papier, 17, 7 x 11, 8 cm | Frankfurt am Main, Museum für Kunsthandwerk (L.M. 215)

5/98 Schürze eines Magiers
Ladakh, 19. Jh. | Knochen, geschnitzt, 63 x 71 cm | Staatliche Museen zu Berlin, Museum für In-dische Kunst (MIK I 9908)

5/99 Gürtel eines Magiers
Ladakh, 19. Jh. | Knochen, geschnitzt, 58 cm lang | Staatliche Museen zu Berlin, Museum für Indische Kunst (MIK I 9909)

5/100 Armbänder eines Magiers
Ladakh, 19. Jh. | Knochen, geschnitzt, L 19 cm | Staatliche Museen zu Berlin, Museum für Indi-sche Kunst (MIK I 9910 a, b)

5/101 Gebetsmühle
Tibet, 19. Jh. | Knochen mit Metall, L 29,5 cm | Staatliche Museen zu Berlin, Museum für Indische Kunst (MIK I 5863)

5/102 Zwei Zylinder-Banner
Tibet | Baumwolle, Seide, L 105 cm, Dm 24 cm | Staatliche Museen zu Berlin, Ethnologisches Mu-seum, Abt. Ostasien (ID 24 189 a, b)

5/103 Tangka
Tibet | Textil, Pigment, Holz, Metall, 40 x 28 x 71, 5 cm | Staatliche Museen zu Berlin, Ethnolo-gisches Museum, Abt. Ostasien (ID 22 518)

5/104 Avalokiteshvara – als Dalai Lama wiedergeborene Boddhisattva
Tibet | Kupferlegierung, vergoldet, 17, 5 x 9, 5 cm | Staatliche Museen zu Berlin, Ethnologisches Museum, Abt. Ostasien (ID 38 251)

5/105 Darstellung des Buddha Gautama als Shakyamuni (der Weise vom Stamme der Shakyas)
Tibet | Kupferlegierung, vergoldet, 14 x 10 x 7, 5 cm | Staatliche Museen zu Berlin, Ethnologisches Museum, Abt. Ostasien (ID 37672)

5/106 Darstellung der Göttin »Grüne Tara«
Tibet | Kupferlegierung, vergoldet, Türkis, Ko-ralle, 12, 3 x 9 cm | Staatliche Museen zu Berlin, Ethnologisches Museum, Abt. Ostasien (ID 39 101)

5/107 Yamanthaka, ein furchteinflößender Dämon
Tibet | Kupferlegierung, 13 x 12, 5 x 6, 3 cm | Staatliche Museen zu Berlin, Ethnologisches Mu-seum, Abt. Ostasien (ID 46203 a, b)

5/108 Glocke
Tibet | Kupferlegierung, 19 x 9, 5cm | Staatliche Museen zu Berlin, Ethnologisches Museum, Abt. Ostasien (ID 37419)

5/109 Vajra, der Donnerkeil des Indra
Tibet | Kupferlegierung, 12,3 x 3,2 | Staatliche Museen zu Berlin, Ethnologisches Museum, Abt. Ostasien (ID 39 103)

5/110 Malerei, Bestandteil des buddhisti-schen Altars
Tibet | Holz, Textil, Papier, Glas, Pigment, Me-tall, 9, 2 x 7,7 cm | Staatliche Museen zu Berlin, Ethnologisches Museum, Abt. Ostasien (ID 46 936/43)

5/111 Sieben Opferschalen, Repliken
Tibet | Kupferlegierung, H 2, 7, Dm 4, 5 cm | Staatliche Museen zu Berlin, Ethnologisches Mu-seum, Abt. Ostasien

5/112 Ein Paar Zymbeln
Tibet | Kupferlegierung, Leder, H 2 cm, Dm 5,7 | Staatliche Museen zu Berlin, Ethnologisches Mu-seum, Abt. Ostasien (ID 40 350)

5/113 Zwei Tempellampen
Tibet | Kupferlegierung, 5,7 x 5,3 cm | Staatliche Museen zu Berlin, Ethnologisches Museum, Abt. Ostasien (ID 24 080 a, k)

5/114 Reismandala
Tibet | Silber mit Türkis-, Korallen- und Perl-schmuck und tibetanischen Geldscheinen | Metall, versilbert, vergoldet, 12 x Dm 5 und 5, 5 und Dm 16 cm | Staatliche Museen zu Berlin, Ethnologisches Museum, Abt. Ostasien (ID 39 052 a, b)

5/115 Altartuch
Tibet | Seide, 159 x 30 cm | Staatliche Museen zu Berlin, Ethnologisches Museum, Abt. Ostasien (ID 24 136)

5/116 Räucherstäbchenbecken
Tibet | Kupferlegierung, vergoldet, 11 x 50 x 13 cm | Staatliche Museen zu Berlin, Ethnologisches Museum, Abt. Ostasien (ID 23 398)

5/117 Stabbekrönung
Indien, Madhya Pradesh, Bastar-Gebiet | Gelb-guss, H 19,5 cm | Völkerkundemuseum der von Portheim-Stiftung, Heidelberg (SEL: 81/3/9-102, Smlgsnr.: 34017, v.P.St.)

5/118 Stier/Nandi
Indien, Madhya Pradesh, Bastar-Gebiet | Gelb-guss, H 7 cm | Völkerkundemuseum der von Portheim-Stiftung, Heidelberg (SEL 81/3/9-113, Smlgsnr.: 34026, v.P.St.)

5/119 Schildkröte
Indien, Madhya Pradesh, Bastar-Gebiet | Gelb-guss, L 11 cm | Völkerkundemuseum der von Portheim-Stiftung, Heidelberg (SEL: 81/3/9-81, Smlgsnr.: 33997, v.P.St.)

5/120 Gottheit »Mata Murti«
Indien, Madhya Pradesh, Bastar-Gebiet | Gelb-
guss, H 16,3 cm | Völkerkundemuseum der von
Portheim-Stiftung, Heidelberg (SEL: 82/3/40-39,
Smlgsnr.: 34204,v.P.St.)

5/121 Mahadev – Shiva auf Nandi
Jaidev Bhagel | Indien, Madhya Pradesh, Bastar-
Gebiet | Gelbguss, 31,5 x 29 cm | Völkerkunde-
museum der von Portheim-Stiftung, Heidelberg
(SEL: 95/3/164, Smlgsnr.: 37420, v.P.St.) **3530**

5/122 Lakshmi mit Elefanten
Indien, Madhya Pradesh, Bastar-Gebiet | Gelb-
guss, 17 x 26 cm | Völkerkundemuseum der von
Portheim-Stiftung, Heidelberg (SEL: 75/3/ 48,
Smlgsnr.: 33003, v.P.St.)

5/123 Kali
Indien, Madhya Pradesh, Bastar-Gebiet | Gelb-
guss; Dhokra-Guss, H 26 cm | Völkerkundemu-
seum der von Portheim-Stiftung, Heidelberg
(SEL: 75/3/56, Smlgsnr.: 33010, v.P.St.)

5/124 Figur »Banjarin Mata«
Indien, Madhya Pradesh, Bastar-Gebiet | Gelb-
guss, H 14 cm | Völkerkundemuseum der von
Portheim-Stiftung, Heidelberg (SEL: 82/3/40-59,
Smlgsnr.: 34224, v.P.St.)

5/125 Figur »Minglajin Mata«
Indien, Madhya Pradesh, Bastar-Gebiet | Gelb-
guss, H 18,7 cm | Völkerkundemuseum der von
Portheim-Stiftung, Heidelberg (SEL: 81/3/9-70,
Smlgsnr.: 33986, v.P.St.)

**5/126 Figurengruppe »Mauli Devi« auf
Elefant mit 4 Begleitern und Schirm**
Jaidev Bhagel | Indien, Madhya Pradesh, Bastar-
Gebiet | Gelbguss, H 38 cm | Völkerkundemuse-
um der von Portheim-Stiftung, Heidelberg (SEL:
96/3/41, Smlgsnr.: 37465 a + b, v.P.St.)

5/127 Götterpaar »Ghitku Mitku«
Indien, Madhya Pradesh, Bastar-Gebiet | Gelb-
guss, H 12,8 cm, L 13,8 cm | Völkerkundemuse-
um der von Portheim-Stiftung, Heidelberg (SEL:
82/3/40-42, Smlgsnr.: 34207, v.P.St.)

5/128 Ganga auf einem Krokodil
Indien, Madhya Pradesh, Bastar-Gebiet | Gelb-
guss, H 14 cm, L 20 cm | Völkerkundemuseum
der von Portheim-Stiftung, Heidelberg (SEL:
82/3/40-30, Smlgsnr.: 34195, v.P.St.)

5/129 Hanuman
Indien, Madhya Pradesh, Bastar-Gebiet | Gelb-
guss, Dhokra-Guss, H 17,5 cm | Völkerkunde-
museum der von Portheim-Stiftung, Heidelberg
(SEL: 75/3/52, Smlgsnr.: 33006, v.P.St.)

5/130 Ganesha
Indien, Madhya Pradesh, Bastar-Gebiet | Gelb-
guss, H 13,5 cm | Völkerkundemuseum der von
Portheim-Stiftung, Heidelberg (SEL: 75/3/ 53,
Smlgsnr.: 33007, v.P.St.)

5/131 Shivatempel
Indien, Madhya Pradesh, Bastar-Gebiet | Gelb-
guss, 31 x 20 cm | Völkerkundemuseum der von
Portheim-Stiftung, Heidelberg (SEL: 75/3/ 49,
Smlgsnr.: 33002, v.P.St.)

5/132 Durga auf Löwe
Indien, Madhya Pradesh, Bastar-Gebiet | Gelb-
guss, H 23,5 cm | Völkerkundemuseum der von
Portheim-Stiftung, Heidelberg (SEL: 75/3/ 46,
Smlgsnr.: 33001, v.P.St.)

5/133 Krishna, flötespielend, mit Kuh
Indien, Madhya Pradesh, Bastar-Gebiet | Jaidev
Bhagel | Gelbguss, H 23,5 cm | Völkerkunde-
museum der von Portheim-Stiftung, Heidelberg
(SEL: 96/3/40, Smlgsnr.: 37446, v.P.St.)

5/134 Göttin Danteshvari Mata
Relief | Indien, Madhya Pradesh, Bastar-Gebiet |
Platte, Gelbguss, Wachsausschmelzverfahren,
40 x 49 cm | Völkerkundemuseum der von Port-
heim-Stiftung, Heidelberg (SEL: 95/3/159,
Smlgsnr.: 37415, v.P.St.)

**5/135 Rama, Sita und Lakshmana, davor
Hanuman**
Indien, Madhya Pradesh, Bastar-Gebiet | Gelb-
guss, 18,4 x 16,5 x 11,7 cm | Völkerkundemu-
seum der von Portheim-Stiftung, Heidelberg
(Smlgsnr.: 3-7678, v.P.St.)

5/136 Kopf des Jaganauth
Indien, Madhya Pradesh, Bastar-Gebiet | Gelb-
guss, 21,5 x 12,5 cm, Dm 8,5 cm | Völkerkunde-
museum der von Portheim-Stiftung, Heidelberg
(Smlgsnr.: 3-7679, v.P.St.)

5/137 Elefant
Indien, Madhya Pradesh, Bastar-Gebiet | Gelb-
guss, H 12,4 cm | Völkerkundemuseum der von
Portheim-Stiftung, Heidelberg (SEL: 81/3/ 9-119,
Smlgsnr.: 34032, v.P.St.)

5/138 Männliche Figur
Stamm der Kondh | Indien, Orissa, Phulbani-
Distrikt | Gelbguss, H 34,2 cm | Völkerkunde-
museum der von Portheim-Stiftung, Heidelberg
(SEL: 94/3/20, Smlgsnr.: 37203, v.P.St.)

5/139 Weibliche Figur
Stamm der Kondh | Indien, Orissa, Phulbani-
Distrikt | Gelbguss, H 35 cm | Heidelberg, Völ-
kerkundemuseum der von Portheim-Stiftung
(SEL: 94/3/21, Smlgsnr.: 37202, v.P.St.) **3549**

5/140 Vogel
Indien, Madhya Pradesh, Bastar-Gebiet | Gelbguss,
H 8 x 7 x 8 cm | Privatsammlung Sinsheim (10)

5/141 Kobra
Indien, Madhya Pradesh, Bastar-Gebiet | Gelb-
guss, 3,8 x 5,5 x 5,5 cm | Privatsammlung Sins-
heim (12)

5/142 Götterschaukel, 2-teilig
Indien, Madhya Pradesh, Bastar-Gebiet | Gelb-

guss, 31 x 21 cm | Privatsammlung Sinsheim
(95/316)

5/143 Gestell mit 4 Vögeln
Stamm der Kondh | Indien, Orissa | Gelbguss, 15
x 10 x 9 cm | Privatsammlung Sinsheim (91/28 K)

5/144 Tiger mit menschlicher Beute
Stamm der Kondh | Indien, Orissa | Gelbguss,
13,5 x 17,5 cm | Privatsammlung Sinsheim
(91/330 d)

5/145 Stachelschwein
Stamm der Kondh | Indien, Orissa | Gelbguss, 13
x 15,5 x 9 cm | Privatsammlung Sinsheim (94/286)

5/146 Kobra
Stamm der Kondh | Indien, Orissa | Gelbguss,
24 x 13,5 x 13,8 cm | Privatsammlung Sinsheim
(91/330 a)

5/147 Kobrapaar, 3-teilig
Stamm der Kondh | Indien, Orissa | Gelbguss,
22 x 18,8 x 18,8 cm | Privatsammlung Sinsheim
(91/330 b)

**5/148 Dreiköpfige Schildkröte mit Reiter
(Mutter und Kind)**
Stamm der Kondh | Indien, Orissa | Gelbguss,
12,5 x 21 x 25,5 cm | Privatsammlung Sinsheim
(94/285)

5/149 Vogel mit Reiter
Stamm der Kondh | Indien, Orissa | Gelbguss,
H 16 cm, L 18,5 cm | Privatsammlung Sinsheim
(91/28 l)

5/150 Fisch mit Reiter
Stamm der Kondh | Indien, Orissa | Gelbguss,
H 14 cm, L 29 cm | Privatsammlung Sinsheim (1)

5/151 Dorftempel mit 8 Personen
Stamm der Kondh | Indien, Orissa | Gelbguss,
24,2 x 17,5 x 11,7 cm | Privatsammlung Sinsheim
(97/216)

5/152 Opferszene, Haus mit 4 Figuren
Stamm der Kondh | Indien, Orissa | Gelbguss,
ca. 13 x 25 x 15 cm | Privatsammlung Sinsheim
(95/154)

**5/153-181 Textilminiaturobjekte – Sandkissen
1. Tibet – Tür Kloster Nechung** 1990 **2. Tibet
– Dachgitter in Purwala** 1990 **3. Tibet – Sonnen-
tuch im Potala** 1991 **4. Tibet – Puja in Mc Leod
Ganj** 1991 **5. Tibet – Rad der Lehre** 1998 **6.
Islam – Kaaba** 1991 **7. Islam – Alhambra Wand**
1991 **8. Islam – Alhambra Tür** 1991 **9. Islam –
Kleiner Paradiesgarten** 1990 **10. Islam – Tadsch
Mahal** 1992 **11. Indianische Kultur – Priester-
gewand Chimu** 1992 **12. Indianische Kultur –
Chipibo Peru** 1992 **13. Indianische Kultur –
Mola der Cuna-Indianer II** 1998 **14. Indianische
Kultur – Najahe Navajo-Indianer** 1993 **15.
Indianische Kultur – Für Rigoberta Menchu II**
1999 **16. Christentum – Triumphkreuz** 1999 **17.
Christentum – San Eufrosino** 1992 **18. Christen-**

tum – **Mandorla grün** 1997 **19. Christentum –
Engel sind überall** 1993 **20. Christentum –
Russisches Altarkreuz** 1998 **21. Bahá'í-Religi-
on – Stufen in Mazrai** 1993 **22. Bahá'í-Religion
– Der hochrote Ort** 1993 **23. Bahá'í-Religion –
Ein Gewand aus Licht II** 1994 **24. Bahá'í-Reli-
gion – Tor in Bahji** 1992 **25. Bahá'í-Religion –
Bahji II** 1998 **26. Judentum – Für Simha Naor,
Menora und Davidstern** 1992 **27. Afrika/Ghana
– Für Michael Tomfeah** 1993 **28. Australien –
Für die Ureinwohner** 1994 **29. Hinduismus –
Lotus und »OM«** 1997
Brigitte Schirren | Leinen, Seidenstickerei,
gefüllt mit Sand, 15 x 12 x 5 cm | (Nr. 29: 15 x 15 x
5 cm) | Bordesholm, Brigitte Schirren (57, 58,
59, 60, 104, 63, 64, 65, 66, 67, 69, 70, 106, 79, o.
Nr., 110, 74, 98, 84, 105, 80, 81, 88, 77, 107, 68,
86, 87, 102)

5/182 Miassa
Grabpfosten der Insel Buton mit Darstellung
eines Seelenbootes | Holz, H 190 | Frankfurt am
Main, Museum für Völkerkunde (N. S. 14944)

5/183 Tánda Küfuran
Grabpfosten von der Insel Buton mit Darstellung
eines Seelenbootes | Holz, H 178 | Frankfurt am
Main, Museum für Völkerkunde (N. S. 14624)

5/184 Schemel in Form eines Vierfüßlers
Papua-Neuguinea, Mittel-Sepik | Holzschnitzerei,
18 x 44,5 x 22,5 cm | Staatliche Museen zu Berlin,
Ethnologisches Museum, Abt. Südsee (VI 30 585)

5/185 Sago-Tasche
Papua-Neuguinea, Mittel-Sepik | geflochtene
Pflanzenfasern, 34 x 15 cm | Staatliche Museen
zu Berlin, Ethnologisches Museum, Abt. Südsee
(VI 38 965)

5/186 Flöte
Papua-Neuguinea, Mittel-Sepik | Bambus mit
drei unterteilenden Flechtringen, mit Harz
überstrichen | L 143 cm, Dm ca. 4,5 cm |
Staatliche Museen zu Berlin, Ethnologisches
Museum, Abt. Südsee (VI 28 123)

5/187 Mai-Maske
Hölzerne Vollmaske, ehemaliger Teil einer Ge-
stellmaske | Papua-Neuguinea, Mittel-Sepik |
Holz, 50 x 18 cm | Staatliche Museen zu Berlin,
Ethnologisches Museum, Abt. Südsee (VI 33 209)

5/188 Handtrommel
Papua-Neuguinea, Mittel-Sepik | Holz, Haut, mit
Ornamenten und Schnitzereien verziert, H 69 cm,
Dm 20 cm | Staatliche Museen zu Berlin, Ethno-
logisches Museum, Abt. Südsee (VI 41 700)

5/189 Schwirrholz
Papua-Neuguinea, Mittel-Sepik | Holz, bemalt,
L 93 cm | Staatliche Museen zu Berlin, Ethnolo-
gisches Museum, Abt. Südsee (VI 41 596)

5/190 Kalkbehälter
Papua-Neuguinea, Mittel-Sepik | Bambus mit
bemaltem Flechtwerk und Federwerk, L 83 cm,

B mindestens 12 cm | Staatliche Museen zu Berlin, Ethnologisches Museum, Abt. Südsee (VI 38 775)

5/191 Körbchen mit Kinderknochen für die Erdbestattung
Andamanen, Golf von Bengalen | Naturfasern, Knochen, 20 x 20 x 10 cm | Museum für Völkerkunde zu Leipzig (SAS 9990)

5/192 Unterkieferkette
Andamanen, Golf von Bengalen | L 30 cm | Museum für Völkerkunde zu Leipzig (SAS 2123)

5/193 Schädel, bemalt
Andamanen, Golf von Bengalen | Museum für Völkerkunde zu Leipzig (SAS 9985)

5/194 Knochenkette
Andamanen, Golf von Bengalen | Museum für Völkerkunde zu Leipzig (SAS 2121)

5/195 Pigmentbrocken zum Färben des Gesichts
Andamanen, Golf von Bengalen | je ca. 8 x 10 x 8 cm | Museum für Völkerkunde zu Leipzig

5/196 Hausbrett - Intekui
Nikobaren, Golf von Bengalen | Holz, bemalt, 55 x 80 cm | Museum für Völkerkunde zu Leipzig

5/197 Medium zur Krankenheilung - Kareava
Nikobaren, Golf von Bengalen | Holz, bemalt, 170 x 11 x 6 cm | Museum für Völkerkunde zu Leipzig (SAS 3423)

5/198 Medium gegen Fieber - Kaláng
Nikobaren, Golf von Bengalen | Holz, bemalt, 50 x 65 x 50 cm | Museum für Völkerkunde zu Leipzig (SAS 2002)

5/199 Medium zur Krankenheilung - Kareava
Nikobaren, Golf von Bengalen | Holz, bemalt, 60 x 22 x 20 cm | Museum für Völkerkunde zu Leipzig (SAS 3429)

5/200 Medium zur Krankenheilung – Kareava
Nikobaren, Golf von Bengalen | Holz, bemalt, 60 x 25 x 20 cm | Museum für Völkerkunde zu Leipzig (SAS 20)

5/201 Medium zur Krankenheilung – Kareava
Nikobaren, Golf von Bengalen | Holz, bemalt, 110 x 70 cm | Museum für Völkerkunde zu Leipzig

5/202 Magische Figur
Yombe, Zaire | Holz, Glas, Textil, Harz, Faserschnüre, Palmnüsse, H 42 cm | München, Staatliches Museum für Völkerkunde (93.628)

5/203 Helmmaske, 20. Jh.
Maske aus Holz, ein menschliches Gesicht darstellend | Suku, Demokratische Republik Kongo, 20. Jh. | Holz mit roter, schwarzer und weißer Bemalung, Raphiafasern, H 44 cm | Staatliche Museen zu Berlin, Ethnologisches Museum, Abt. Afrika (III C 44 948)

5/204 Gesichtsmaske
Luvale, Sambia, 20. Jh. | Holz mit dunkler Patina, 26,5 x 21 cm | Staatliche Museen zu Berlin, Ethnologisches Museum, Abt. Afrika (III C 44 950)

5/205 Zauberfigur
Banyang, Kamerun, 19. Jh. | Holz, H 37 cm | Staatliche Museen zu Berlin, Ethnologisches Museum, Abt. Afrika (III C 18 812)

5/206 Gesichtsmaske mit Kostümteil
Salampasu, Demokratische Republik Kongo, 20. Jh. | Holz, schwarz, mit weißer Bemalung, Pflanzenfasern, H ca. 26,5 cm (ohne Kostüm) | Staatliche Museen zu Berlin, Ethnologisches Museum, Abt. Afrika (III C 39 842)

5/207 Gesichtsmaske
Fang, Gabun, 20. Jh. | Holz mit weißer und schwarzer Bemalung, 30 x 25 x 16,5 cm | Staatliche Museen zu Berlin, Ethnologisches Museum, Abt. Afrika (III C 40 171)

5/208 Zauberfigur
Kongo, Republik Kongo, Region Loango, 19. Jh. | Holz, Baumwollgewebe, Pigmentspuren, Eisen, Leder, Pflanzenfasern , H 64 cm | Staatliche Museen zu Berlin, Ethnologisches Museum, Abt. Afrika (III C 18 917)

5/209-220 Statuetten des Candomblé-Kultes
1. Shangô, 31 x 22 x 16 cm 2. Naná Buruku, 30 x 13 x 6 cm 3. Oyá (Iansan), 32 x 10 x 8 cm 4. Oshalá, 35 x 25 x 10 cm 5. Yemanjá, 35 x 15 x 11 cm 6. Indio (Caboclo Tupi), 35 x 15 x 19 cm 7. Preto Velho, 13 x 9 x 6 cm 8. Oshossi, 37 x 7 x 7 cm 9. Eshu, 20 x 8 x 6 cm 10. Oshun, 34 x 11 x 8 cm 11. Omolu, 30 x 15 x 14 cm 12. Ogun, 22 x 18 x 7 cm
Rio de Janeiro, Neunziger Jahre des 20. Jhs. | Gips, bemalt | Berlin, Berliner Festspiele GmbH

5/221 16 Kauri-Muscheln
Kalk, je ca. 2 cm lang | Berlin, Berliner Festspiele GmbH

5/222 Beschwerdefigur
Insel Olkhon (Baikal-See), Neolithikum | Biotit-Granat-Gneis, 11 x 5,4 x 2,9 cm | Klaus Heid, Karlsruhe (22)

5/223 Kopf einer Beschwerdefigur
Insel Olkhon (Baikal-See), Neolithikum | Gneis, Quarz, 6,3 x 4,5 x 2,4 cm | Klaus Heid, Karlsruhe (23)

5/224 Fisch
Insel Olkhon (Baikal-See), Neolithikum | Biotit-Granat-Gneis, 13,4 x 5,8 x 3 cm | Klaus Heid, Karlsruhe (37)

5/225 Fischkopf
Insel Olkhon (Baikal-See), Neolithikum | Muskowit-Amphibolit-Gneis, 2 x 1,5 x 0,3 cm | Klaus Heid, Karlsruhe (29)

5/226 Handatlas
Insel Olkhon, Eisenzeit | Metall, Dm außen 8,3 cm | Klaus Heid, Karlsruhe (41)

5/227 Großer Kultstein
Insel Olkhon (Baikal-See), Neolithikum | Granat-Gneis, 13,2 x 10 x 3 cm | Klaus Heid, Karlsruhe (32)

5/228 Kultstein mit Loch
Insel Olkhon (Baikal-See), Neolithikum | Granat-Gneis, 8,5 x 6,5 x 4,5 cm | Klaus Heid, Karlsruhe (44)

5/229 Mitte-Teil
Insel Olkhon (Baikal-See), Eisenzeit | Metall, H 5,4 cm, Dm 2,4 - 4,6 cm | Klaus Heid, Karlsruhe (3)

5/230 Ohrplastik
Insel Olkhon (Baikal-See), Neolithikum | Biotit-Granat-Gneis, 9,9 x 5 x 2 cm | Klaus Heid, Karlsruhe (14)

5/231 Großer Ring
Insel Olkhon (Baikal-See), Eisenzeit | Metall, Dm außen 11,1 cm, innen 4 cm, H 1,5 cm | Klaus Heid, Karlsruhe (2)

5/232 Kleiner Ring
Insel Olkhon (Baikal-See), Eisenzeit | Metall, Dm außen 2,6 cm, innen 1,3 cm, Tiefe 0,8 cm | Klaus Heid, Karlsruhe (15)

5/233 Ringfragment
Insel Olkhon (Baikal-See), Neolithikum | Biotit-Granat-Gneis, 15 x 5,7 x 1,3 cm | Klaus Heid, Karlsruhe (11)

5/234 Schiffchen
Insel Olkhon (Baikal-See), Neolithikum | Biotit-Granat-Gneis, 11,2 x 2,5 x 2,5 cm | Klaus Heid, Karlsruhe (36)

5/235 Taschenatlas
Insel Olkhon (Baikal-See), Eisenzeit | Metall, Dm 2,9 cm | Klaus Heid, Karlsruhe (8)

5/236 Taschenmenhir
Insel Olkhon (Baikal-See), Neolithikum | Biotit-Granat-Gneis, H 9,6 cm, Grundfläche 2 x 2 cm | Klaus Heid, Karlsruhe (5)

5/237 Taschenorakel
Insel Olkhon (Baikal-See) | Hartfaser, Dm 2,4 cm | Klaus Heid, Karlsruhe (16)

5/238 Heiliger Christophorus
Italo-kretisch, 17. Jh. | 42 x 33 cm | Frankfurt am Main, Museum für Kunsthandwerk, Ikonenmuseum der Stadt Frankfurt am Main – Stiftung Rainer Kreissl (IHV 927)

5/239 Heiliger Christophoros Kynokephalos
Russisch, 19. Jh. | Eitempera auf Holz, 43,5 x 37 cm | Frankfurt am Main, Museum für Kunsthandwerk, Ikonenmuseum der Stadt Frankfurt am Main – Stiftung Dr. Schmidt-Voigt, (I H 665)

→ ein ozeanisches gefühl

5/240 Fussabdruck Buddhas
Stein, teils vergoldet, L ca. 150 cm | London, The British Museum, Department of Oriental Antiquities (OA no. 1862)

→ leibhaftig

5/241 Gewand und Ausrüstung einer solonischen Schamanin
auf zugehöriger Figurine | Textil mit Stickerei und Perlenfransen, Kaurischnecken, Bronzespiegel und -glöckchen, Trommel; Figur aus Gips, H ca. 160 cm | Übersee-Museum Bremen (A 15447)

5/242 Schnupftablett eines Schamanen
Recuay-Kultur | Peru, 3.– 7. Jh. | Holz, rote Farbe, geschnitzt, bemalt, L 19 cm | Stuttgart, Linden-Museum (M 34.372 L)

5/243 Steinfigur der Maisgöttin Chicome Coatl
Aztekisch, ca. 1450-1521 | Stein, H 56,5 cm, B 26,4 cm | Staatliche Museen zu Berlin, Ethnologisches Museum, Abt. Amerikanische Archäologie (IV Ca 6103)

5/244 Gefäß mit Maiskolbenrelief
Moche (Peru) | Ton, H 21,4 cm, B 15,7 cm | Staatliche Museen zu Berlin, Ethnologisches Museum, Abt. Amerikanische Archäologie (V A 4652)

5/245 Gefäß in Form einer Bohne
Moche (Peru) | Ton, H 20 cm, B 10 cm | Staatliche Museen zu Berlin, Ethnologisches Museum, Abt. Amerikanische Archäologie (V A 62 142)

5/246 Gefäß in Form eines Kürbis
Moche (Peru) | Ton, H 20 cm, B 15,8 cm | Staatliche Museen zu Berlin, Ethnologisches Museum, Abt. Amerikanische Archäologie (V A 4057)

5/247 Gefäß in Form von mehreren übereinander liegenden Kartoffeln
Moche (Peru) | Ton, 32 x 28 x 23 cm | Staatliche Museen zu Berlin, Ethnologisches Museum, Abt. Amerikanische Archäologie (VA 66 960 (Slg. Bursche))

5/248 Schaft eines sassanidischen Feueraltars oder Ständer für Weihrauchopfer
Aus dem Feuertempel Tacht-i Sulaiman | Nord-Iran, Provinz Aserbaidschan, 6. Jh. | Kalkstein, 88 x 32 x 31 cm | Staatliche Museen zu Berlin, Museum für Islamische Kunst (I. 22/69)

5/249 Feuervase für »Ewig brennendes Feuer«
Silber, H ca. 60 cm, Dm ca. 50 cm | Iran-Museum Hamburg

5/250 Metallmörser mit Stößel für das »Ritual der unsterblichen Seele«
Alpaka, H 12 cm, Dm 10 cm | Iran-Museum Hamburg

5/251 Zweiteiliges Gestell für Haoma-Kraut
Alpaka, H 20 cm, B 12 cm | Iran-Museum Hamburg

5/252 Sadre und Kushti
Hemd und Gürtel, das bei der Initiationszeremonie den 7-11jährigen Mädchen und Jungen angelegt wird. | Leinen, Baumwolle, 60 x 100 cm | Iran-Museum Hamburg

5/253 Qing
Klangstein, Flacher Stein in Form des Zeichens »Glückswolke« | 19. Jh. | ca. 23 x 23 cm | Staatliche Museen zu Berlin, Ethnologisches Museum, Musikethnologie (ID 5324)

5/254 Xun
Gefäßflöte | 20. Jh. | Gebrannter Ton, ockergelb glänzend lasiert, H 15 cm, Dm 10 cm | Staatliche Museen zu Berlin, Ethnologisches Museum, Musikethnologie (VII c 7)

5/255 Zheng
Wölbbrett-Zither | 20. Jh. | Holz, gebrannte Verzierungen, Metall, Nylonsaitenbespannung, 16 x 115 x 23 cm | Staatliche Museen zu Berlin, Ethnologisches Museum, Musikethnologie (VII c 183)

5/256 Dizi, Typ yuping di
Querflöte | 20. Jh. | Bambusrohr, Membran aus Bambushaut, eingravierte, eingebrannte Schriftzeichen, L 45 cm, Dm 1 cm | Staatliche Museen zu Berlin, Ethnologisches Museum, Musikethnologie (VII c 776)

5/257 Sheng
Mundorgel | 20. Jh. | Bambusröhren, Sockel bzw. Mundstück aus Metall, 52 x 22 cm (mit Mundstück) | Staatliche Museen zu Berlin, Ethnologisches Museum, Musikethnologie (VII c 6 132)

5/258 Yaogu
Zweifellige Fasstrommel, sog. Hüfttrommel | 19. Jh. | grün lackiertes Holz, Lederbespannung, Metallnägel, H 34 cm, Dm ca. 18 cm | Staatliche Museen zu Berlin, Ethnologisches Museum, Musikethnologie (I D 1113)

→ heilige stätten

5/259 Monialium Ebstorfensium Mappam Mundi quae exeunte saeculo XIII. videtur picta. Hanoverae nunc adservatur, edidit Konradus Miller (Ebstorfer Weltkarte)
Faksimile, Stuttgart, o. J., 115 x 103 cm | Staatsbibliothek zu Berlin - Preußischer Kulturbesitz (Kart. U 1630-5)

5/260 Votiv-Stupa
Ceylon, 11. Jh. | Bronze, H 23,5 cm | Linden-Museum Stuttgart (SA 35 382 L)

5/261 Kultgefäß mit Tempel
Sonkh, Distrikt Mathura, um 50 v.Chr. | Bräunlichrote Terrakotta, 9 x 27,5 x 22,5 cm | Staatliche Museen zu Berlin, Museum für Indische Kunst (I 3419)

5/262 Miniatur-Tempelpyramide

Aztekisch | Ton, H 15,2 cm, B 7,3 cm | Staatliche Museen zu Berlin, Ethnologisches Museum, Abt. Amerikanische Archäologie (IV Ca 2467)

5/263 Modell der Nischenpyramide von El Tajín (Golfküste Mexiko)
Holz, Spanplatte, mit Sockel 123 x 100 cm | Staatliche Museen zu Berlin, Ethnologisches Museum, Abt. Amerikanische Archäologie

5/264 Miniatur-Tempelpyramide
aztekisch | Auf der Plattform zwei Sakrarien mit hohem, kegelförmigem Strohdach | Ton, H 20 cm | Staatliche Museen zu Berlin, Ethnologisches Museum, Abt. Amerikanische Archäologie (IV Ca 2429)

5/265 Das Stil-Spiel – Der Baukasten der Welt-Architektur aller Zeiten und Völker
1922 | Neun Gebäude, je bestehend aus mehreren Einzelteilen | Hermann Finsterlin | Holz | Badisches Landesmuseum Karlsruhe

5/266 Mani-Stein: Shadakshari Lokesvara
Leh, 19. Jh. | Grauer Sandstein, H 42,5 cm | Staatliche Museen zu Berlin, Museum für Indische Kunst (I 2595)

5/267 Buddhistische Votivstele
China, Tang-Zeit (618 - 907 n.Chr.) | Sandstein, 38, 6 x 25, 5 x 10, 4 cm | Frankfurt am Main, Museum für Kunsthandwerk (137 15)

5/268 Zeremonialstab für einen Herrscher
Luba, südöstliches Zaire | Holz mit glänzender Patina aus Palmöl, geschnitzt; Baumwollstoff, L 134 cm | Linden-Museum Stuttgart (21.689)

5/269 Thronhocker in Elefantenform
Luba (Kongo-Kinshasa) | Holz, geschnitzt, mit schwarz-brauner Patina, 31 x 24 cm | Linden-Museum Stuttgart (26.707)

5/270 Wanderasket mit Vogel
Nordindien, lokale Schule, 18. Jh. | Miniatur (Einzelblatt), 14,8 x 10,2 cm | Staatliche Museen zu Berlin, Museum für Islamische Kunst (I. 4591 fol. 24)

5/271 Flickengewand eines Derwischs
Iran, 19. Jh. | Bunte Tuchflicken, Baumwollfutter | Staatliche Museen zu Berlin, Ethnologisches Museum, Abt. Islamischer Orient (I B 180)

5/272 Bettelschale eines Derwischs
Iran, 17./18. Jh. | Seychellennuss, Silber, Türkis, ca 12,5 x 30 cm x 15 cm | Linden-Museum Stuttgart (A 34732)

5/273 Notizie della Santa Casa di Maria Vergine, venerata in Loreto ... Loreto, Federico Sartorj, 1781
Antonio Lucidi | aufgeschlagen: Plan des Heiligen Hauses von Loreto | 88 S., 1 Titelkupfer, 2 Kupferfalttafeln, 16 x 11 x 1 cm | Kupferstichtafel mit Plan des Heiligen Hauses, aufgefaltet: 25,5

x 35 cm, 25,5 x 46 cm | Bayerische Staatsbibliothek München (V.ss. 608 d)

5/274 Loreto-Glöckchen mit Ansicht der Basilika
Italien, 20. Jh. | Wallfahrtsandenken aus Loreto | Ton, bemalt, glasiert, H 7 cm, Dm unten 8 cm | Bayerisches Nationalmuseum, München (Kr A 1297)

5/275 Loretoschüsselchen
20. Jh. | Keramik, weiße Bleiglasur, blau bemalt, H 5,2 cm, Dm 12 cm | Bayerisches Nationalmuseum, München (Kr A 1985)

5/276 Loretoschüsselchen
Mittelitalien, 19./20. Jh. | Fayence, bemalt, glasiert, H 4,7 cm, Dm 12,4 cm | Bayerisches Nationalmuseum, München (Kr A 348)

5/277 Kleine Schüssel: Loretoschälchen »Con polvere di S.C.«
Wallfahrtsandenken aus Loreto | 19. Jh. | Keramik, bemalt, glasiert, H 4 cm, Dm 12,3 cm | Bayerisches Nationalmuseum, München (Kr K 759)

5/278 Briefchen mit »Polvere delle pareti della S. Casa«
Italien, 20. Jh. | Papier, 7, 4 x 11, 3 cm | Bayerisches Nationalmuseum, München (Kr A 390 a)

5/279 Schleierbild mit Echtheits-Zertifikat »Attestazione«
Loreto, ausgegeben am 20. Mai 1749 | Holzschnitt, 18,3 x 11,5 cm | Bayerisches Nationalmuseum, München (Kr W 1724)

5/280 Teil eines Loretohäubchens
mit Aufdruck: Santa Casa mit Mariengnadenbild Wallfahrtsandenken aus Loreto | Italien, 18. Jh. | Kupferstich auf Leinen, gelb gefärbt, H 14, B unten 11,5 cm | Bayerisches Nationalmuseum, München (30/207)

5/281 Kompass
Iran, 18. Jh. | Holz, bemalt und lackiert, H 0,9 cm, Dm 5,8 cm | Linden-Museum Stuttgart (A 33.224 L)

5/282 Osmanisches Pilgerbuch
Türkei, 1678 | Gouache auf Papier und Tinte, Einband: Leder mit Goldprägung, 19 x 12,5 cm | Linden-Museum Stuttgart (A 40.073)

5/283 Pilgerkarte der Heiligen Stadt Lhasa und Losar-Fest
Tibet, 19. Jh. | Thangka | 93 x 61 cm | Museum der Kulturen Basel, Schweiz, Sammlung Essen (IId 13863)

5/284 Doppelköpfiger Hund
Vili, Zaire | Holz, harzige Masse, Metall, H 35 cm | München, Staatliches Museum für Völkerkunde (57-13-5)

5/285 46 Polaroid-Aufnahmen von Flaschenbäumen im Bundesstaat Mississippi
1999 | Cathryn Copeland, New Orleans | 7x12 cm

→ **Detlef Pollack**

Berger, Peter L., *Der Zwang zur Häresie: Religion in der pluralistischen Gesellschaft*, Frankfurt am Main 1980

Bruce, Steve, (Hrsg.), *Religion and Modernization: Sociologists and Historians Debate the Secularization Thesis*, Oxford 1992

Casanova, José, *Public Religions in the Modern World*, Chicago 1994

Gabriel, Karl, (Hrsg.), *Religiöse Individualisierung oder Säkularisierung: Biographie und Gruppe als Bezugspunkte moderner Religiosität*, Gütersloh 1996

Höllinger, Franz, *Volksreligion und Herrschaftskirche: Die Wurzeln religiösen Verhaltens in westlichen Gesellschaften*, Opladen 1996

Kepel, Gilles, *Die Rache Gottes: Radikale Moslems, Christen und Juden auf dem Vormarsch*, München 1991

Luckmann, Thomas, *Die unsichtbare Religion*, Frankfurt am Main 1991

Luhmann, Niklas, *Funktion der Religion*, Frankfur am Main 1977

Pollack, Detlef, *Was ist Religion? Probleme der Definition*, in: *Zeitschrift für Religionswissenschaft 3*, 1995, 163-190

Warner, Stephen R., Work in Progress toward a New Paradigm for the Sociological Study of Religion in United States, in: *American Journal of Sociology 98*, 1993, 1044-1093

→ **Hubert Knoblauch und Bernd Schnettler**

Boyer P., *When Time Shall Be No More. Prophecy Belief in Modern American Culture*, Cambridge 1992

Brendecke, A., *Die Jahrhundertwenden. Eine Geschichte ihrer Wahrnehmungen und Wirkungen*, Frankfurt am Main u. New York 1999

Carozzi, C., *Weltuntergang und Seelenheil. Apokalyptische Visionen im Mittelalter*, Frankfurt am Main 1996

Schnettler, B., Millenniumswechsel und populare Apokalyptik. Prophetische Visionen an der Schwelle zum Jahr 2000, in: A. Honer, R. Kurt & J. Reichertz (Hrsg.), *Diesseitsreligion. Zur Deutung der Bedeutung moderner Kultur*, Konstanz 1999, 385-413

Warneken, B. J., Die Stunde der Laien. Eine Studie über populare Apokalyptik der Gegenwart, in: *Schweizerisches Archiv für Volkskunde, 94*, 1998/1, 1-20

→ **Tullio Maranhão**

Bascom, William, *Ifa Divination. Communication between Gods and Men in West Africa*, Bloomington, Indiana Univ. Pr. 1969

Bastide, Roger, *Les religions afro-brésiliennes: Contribution à une sociologie des interprétations des civilisations*, Paris 1960 (Engl. Übers.: The African Religions of Brazil. Baltimore, John Hopkins, 1978)

Carneiro, Edson, *Candomblés da Bahia*, Rio de Janeiro 1961

Elbein dos Santos, Juana und Descoredes M. dos Santos, *West Africa Sacred Art and Rituals in Brazil*, Institute of African Studies, Univ. Ibadan. 1969

Ramos, Artur, *Anthropologia Brasileira*, Rio de Janeiro 1943

Verger, Pierre, »Notes sur le culte des orisas et Vodun«. *Mémoire de l'Institut Français d'Afrique Noire, Nr. 1*, Paris 1957

→ **Karl-Heinz Kohl**

Bataille, Georges, *Der heilige Eros*, Neuwied, Berlin 1963 (Orig. 1957)

Durkheim, Emile, *Les formes élémentaires de la vie religieuse. Le système totémique en Australie*, Paris 1960 (Orig. 1912)

Eliade, Mircea, *Das Heilige und das Profane. Vom Wesen des Religiösen*, Frankfurt am Main 1984 (Orig. 1957)

Freud, Sigmund, *Das Unbehagen in der Kultur*, in: ders., Studienausgabe Bd. IX, Frankfurt am Main 1974, 191-286 (Orig.1929)

Kehrer, Günter, Definitionen der Religion, in: Cancik, Hubert, Burkhard Gladigow und Karl-Heinz Kohl (Hrsg.), *Handbuch religionswissenschaftlicher Grundbegriffe*, Stuttgart, Berlin, Köln 1998, Bd. IV, 418-425

Leeuw, Gerardus van der, Religion: Erscheinung und Ideenwelt, in: *Die Religion in Geschichte und Gegenwart*, Tübingen 1930, Bd. IV, Sp. 1860-1863

Müller, F. Max, *Lectures on the Origin and Growth of Religion*, London 1878

Otto, Rudolf, Das Heilige. *Über das Irrationale in der Idee des Göttlichen und sein Verhältnis zum Rationalen*, München 1979 (Orig. 1917)

Schleiermacher, Friedrich, *Über die Religion. Reden an die Gebildeten unter ihren Verächtern*, Tübingen 1969 (Orig. 1799)

→ **Doris Kurella**

Cordy-Collins, Alana The Jaguar of the Backward Glance, in: *Icons of Power. Feline Symbolism in the Americas*, London, New York 1998, 155-170

De Smet, Peter A.G.M, Ritual enemas and snuffs in the Americas. *Latin American Studies 33*, Dordrecht 1985

Furst, Peter T., *Hallucinogens and Culture*, Novato (CA) 1976

Harner, Michael, Common Themes in South American Indian Yagé Experiences, in: *Hallucinogens and Shamanism*, Ed. by Michael Harner, London 1973, 155-175

Joralemon, Donald and Douglas Sharon, *Sorcery and Shamanism. Curanderos and Clients in Northern Peru*, Salt Lake City 1992

Reichel-Dolmatoff, Gerardo, *The Shaman and the Jaguar. A Study of Narcotic Drugs Among the Indians of Colombia*, Philadelphia 1975

Schultes, Richard Evans, An Overview of Hallucinogens in the Western Hemisphere, in: *Flesh of the Gods. The Ritual Use of Hallucinogens*, Ed. by Peter T. Furst, Prospect Heigths (IL) 1990

Vajda, László, Zur phaseologischen Stellung des Schamanismus, in: *Ural-Altaische Jahrbücher 30/1959*, 456-485

→ **Britta Duelke**

Assmann, J., *Das kulturelle Gedächtnis: Schrift, Erinnerung und politische Identität in frühen Hochkulturen*, München 1992

Berndt, R. M., *The Sacred Site: The Western Arnhem Land Example. Australian Aboriginal Studies, 29*. Social Anthropology Series, 4. Canberra 1970

Carter, P., *The Road to Botany Bay: An Essay in Spatial History*, 1. Tb.-Ausg. London, Boston 1988

Certeau, M. de, *Kunst des Handelns*, Berlin 1988 (Orig. Paris 1980)

Durkheim, E., *Les formes élémentaires de la vie religieuse*, Paris 1912

Freud, S., *Totem und Tabu: Einige Übereinstimmungen im Seelenleben der Wilden und der Neurotiker*, Wien 1913

Griffith, T., *Hunters and Collectors: The Antiquarian Imagination in Australia*, Cambridge 1996

Hiatt, L.R., *Arguments About Aborigines: Australia and the Evolution of Social Anthropology*, Cambridge 1996

Lattas, A., Primitivism, Nationalism and Individualism in Australian Popular Culture, in: B. Attwood and J. Arnold (Hg) *Power, Knowledge and Aborigines*, Melbourne 1992, 45-58

Maddock, K., *Your Land Is Our Land: Aboriginal Land Rights*, Ringwood 1983

Marcus, J., The Journey Out to the Centre: The Cultural Appropriation of Ayers Rock, in: G. Cowlishaw and B. Morris (Hg) *Race Matters: Indigenous Australians and »our« Society*, Canberra 1997, 29-51

Morphy, H., Colonialism, History and the Construction of Place: The Politics of Landscape in Northern Australia, in: B. Bender (Hrsg.), *Landscape: Politics and Perspectives*, Providence, Oxford 1993, 205-243

Peterson, N. und M. Langton (Hrsg.), Aborigines, Land and Land Rights, *AIAS New Series, 43*. Canberra 1983

Stanner, W.E.H., *White Man Got No Dreaming*, Essays 1938-1973, Canberra 1979

BODO-MICHAEL BAUMUNK

Ausstellungsleitung u.a. von »Berlin, Berlin«
(1987), »Darwin und Darwinismus« (Dresden
1994), Gestaltung der Dauerausstellung in den
Franckeschen Stiftungen (Halle 1995).

BRITTA DUELKE

Dr. phil., geb. 1958. Studium der Ethnologie, Vor-
und Frühgeschichte, Pädagogik, Philosophie
und Psychologie. Seit 1989 wissenschaftliche
Mitarbeiterin am Institut für Historische Ethnologie der Frankfurter Universität, Lehraufträge
an verschiedenen deutschen Universitäten.

SUSANNE GÖDDE

Dr. phil., geb. 1965. Studium der Klassischen Phi-
lologie, Germanistik und Klassischen Archäologie. Seit 1996 wissenschaftliche Mitarbeiterin
am Lehrstuhl für Kulturwissenschaftliche An-
thropologie der Universität Paderborn.

LARS GRÄBNER

Dipl. Ing., geb. 1968. Studium der Architektur in
Hannover, Berlin und Kopenhagen. 1995-1999
Arbeit im Büro von Daniel Libeskind, seit 1999
Assistent an der ETH Zürich bei Prof. Marc
Angélil und Lehrbeauftragter an der Staatlichen
Hochschule für Gestaltung in Karlsruhe bei
Daniel Libeskind.

GERRIT GRIGOLEIT

B. Sc., geb. 1970. Studium der Architektur in
Greenwich, London, Moskau und an der Kunst-
hochschule Berlin-Weissensee. Zweijährige
Tätigkeit im Büro von Daniel Libeskind.

PETER HEINE

Dr. phil., geb. 1944. Studium der Islamwissenschaft, Philosophie und Ethnologie, Gründungs-
direktor des Geisteswissenschaftlichen Zentrums
»Moderner Orient« in Berlin, seit 1994 Professor
für Islamwissenschaft des nicht-arabischen
Raums an der Humboldt-Universität Berlin, Bei-
ratsmitglied im Projekt »Merhaba« zur Förde-
rung türkischer Schülerinnen und Studentinnen
in Deutschland.

RAINER KAMPLING

Dr. theol., geb. 1953. Professor für Biblische The-
ologie mit besonderer Berücksichtigung der
Exegese des Neuen Testaments am Seminar für
Katholische Theologie der Freien Universität
Berlin

HUBERT KNOBLAUCH

Dr. phil. habil., geb. 1959. Studium der Soziologie, Philosophie und Geschichte an den Universitäten Konstanz und Brighton. Lehrte und
forschte an der Universität Konstanz, der Hochschule Sankt Gallen, der University of Berkeley/
Kalifornien, der London School of Economics.
Seit 1998 Senior Research Fellow am King's
College, London.

KARL-HEINZ KOHL

Dr. phil., geb. 1948. Studium der Religionswissen-
schaft, Ethnologie, Geschichte und Philosophie
in Erlangen und Berlin. 1988-1996 Professor für
Ethnologie an der Universität Mainz, seit 1996
Professor für Ethnologie an der Universität
Frankfurt am Main und Direktor des Frobenius-
Instituts.

DORIS KURELLA

Dr. phil., geb. 1957. Studium der Ethnologie, His-
panistik, Vor- und Frühgeschichte. Mehrjährige
Forschungsaufenthalte in Mexiko, Ecuador, Peru, Kolumbien, Argentinien, Chile, Bolivien und
Brasilien. Seit 1997 Lateinamerika-Referentin
am Linden-Museum Stuttgart.

TULLIO MARANHÃO

Dr. phil., geb. 1944. Studium der Anthropolgie
und Soziologie in Rio de Janeiro und Harvard.
Professor für »Cultural Studies« an der Universität von Saint Thomas, Minneapolis (USA),
gegenwärtig Leibnizprofessor am Zentrum für
Höhere Studien Leipzig.

AXEL MICHAELS

Dr. phil., geb. 1949. Studium der Indologie, Phi-
losophie und Rechtswissenschaft in München,
Hamburg und Benares, 1981-83 Direktor des
Nepal Research Centres (Kathmandu), 1992-96
Ordentlicher Professor für Religionswissen-
schaft (Universität Bern), seitdem Ordentlicher
Professor für Klassische Indologie der Univer-
sität Heidelberg.

DETLEF POLLACK

Dr. phil., geb. 1955. Studium der Theologie und
Religionswissenschaft in Leipzig, Studienaufent-
halte in Zürich und Princeton. Seit 1995 Professor für vergleichende Kultursoziologie an der
Europa-Universität Frankfurt/Oder

MIRIAM RIEGER

geb. 1970, journalistische Tätigkeit für verschiedene Stadtzeitungen, studiert Religionswissen-
schaften, Philosophie und Politologie an der
Freien Universität Berlin.

GUIDO ROERICK

Studium der Kultur- und Theaterwissenschaften,
journalistische Tätigkeit für Lokal- und Stadtzeitungen, Regieassistenzen in Theaterprojekten,
derzeit Mitarbeiter im Berliner Büro von Daniel
Libeskind.

BERNT SCHNETTLER

M. A., geb. 1967. Studium der Soziologie und
Psychologie in Konstanz, Spanisch und Philosophie in Madrid, derzeit wissenschaftlicher
Mitarbeiter an der Universität Konstanz. For-
schungsschwerpunkte: Phänomenologie,
Religions-, Wissens- und Organisationssoziolo-
gie sowie interkulturelle Kommunikation.

EVA MARIA THIMME

Studium der Geschichte und Judaistik in Berlin.
Ab 1972 wissenschaftliche Assistentin und Lehr-
beauftragte an der Universität Marburg und der
FU Berlin, als Übersetzerin und Mitarbeiterin
bei den kulturhistorischen Ausstellungen »Jüdische Lebenswelten« (1992) und »Geschichte der
Juden in Berlin« (1995) tätig.

→ **Abbildungen Umschlag**

Vorderseite und Rückseite außen:
Nach der Fotografie von Frédéric Bellay (Paris)
»Baigneurs 98«, siehe Abbildung Seite 74-75,
und **»Sandkissen«**, Textilminiaturobjekte von
Brigitte Schirren (Bordesholm) siehe Kat.Nr.
5/153.

Vorderseite innen:
Fotografie von Margreth Blum, **Der Fotograf
Kurt Blum in der Kunsthalle Bern,
Ausstellung »Südsee«, 1952,** siehe Abb. Seite
40, sowie **»Sandkissen«** von Brigitte Schirren
(Bordesholm) siehe Kat.Nr. 5/153.

Rückseite innen:
**Pfarrer Jürgen Leng von der Freien
Evangelischen Kirche Hamburg-City, während
der Übertragung eines Spieles der
Fußballeuropameisterschaft, 1996,** siehe Abb.
Seite 45, sowie **»Sandkissen«** von Brigitte
Schirren (Bordesholm), siehe Kat.Nr. 5/153.

→ **Abbildungen Innenseiten**

Staatsbibliothek zu Berlin – Preußischer
Kulturbesitz: 8, 18.
Berliner Festspiele (Foto: Roman März): 32,
66/1, 67/2, 67/3, 68/1, 69/2, 69/3, 71; (Archiv):
10-11, 13, 34-35, 36, 80-81.
Gustav Kiepenheuer Verlag, Leipzig: 14/1-3,
15/5-10.
Prähistorische Staatssammlung – Museum
für Vor- und Frühgeschichte, München: 16/1
(Foto © Manfred Eberlein); 16/2, 16/3, 16/4
(Foto © Claus Hansmann).
Museum für Kunst und Gewerbe Hamburg
(© Kiemer & Kiemer): 16/6, 23/4.
Ikonen-Museum Recklinghausen: 16/5.
Picture Press Hamburg: 19/2 (© Krämer/Stern),
40/1 (© Thomann/Stern).
Metin Yilmaz, Berlin ©: 19/1.
Site et Musée Romains d'Avenches, Fondation
Pro Aventico: 19-5/45
Staatliche Museen zu Berlin, Museum für Indi-
sche Kunst: 19-5/46 (Foto Studio Niedermeiser).
Staatliche Museen zu Berlin, Museum für
Spätantike und Byzantinische Kunst: 19-5/47
(Foto: J. Anders), 19-5/48 (Foto: J. Liepe).
Photothèque des Musées de la Ville de Paris:
20 oben (cliché: Lyliane Degraces).
Reiss-Museum Mannheim: 20-5/49.
Deutsches Historisches Museum,
Berlin © DHM: 20-5/50.
Linden-Museum Stuttgart © (Foto: Hagen
Schmitt): 22/1, 22/2, 27/2, 39/3, 42/1, 42/2,
42/3, 43/4, 44/2, 47/2 (beide), 92/2, 93/3, 96/1,
104/2 (beide), 104/4, 104/6.
Badische Landesbibliothek, Karlsruhe: 22/3.
Museo Arcivescovile, Ravenna: 24/1.
Landeskirchliches Museum, Ludwigsburg:
25/2, 26/1, 30/1.
Verlag Ricco Bilger, Zürich: 28/1, 29/2, 29/3.
Museum für Kunsthandwerk, Ikonenmuseum
der Stadt Frankfurt am Main: 31/2, 31/3.
Brigitte Schirren, Bordesholm
(Foto: Volker Langhagen): 32-33 (alle).
Chronicle Books, San Francisco: 39/4.

Soenne Schumacher, Aachen: 38/2.
Museum der Kulturen, Basel: 38/1.
Kurt Blum, Praz ©: 40/2.
Freie Evangelische Kirche, Hamburg: 45.
Staatliche Museen zu Berlin – Ethnologisches
Museum (Fotos Dietmar Katz): 44/1, 92/1, 114/1.
Staatliche Museen zu Berlin, Museum für
Islamische Kunst: 46/1.
Museum für Kunsthandwerk, Frankfurt am
Main: (Fotos Uwe Dettmar) 47/3, 104/5.
Zentrum Moderner Orient, Berlin, © Gerdien
Jonker: 49, 50 (beide), 51.
Völkerkundemuseum der von Portheim-
Stiftung, Heidelberg: 52/1, 52/2, 53/3, 54/1.
Collection Priya Mookerjee: 55/2.
World Council of Churches, Genf (© Leo
Regan): 57/2.
Coll. Archives de Wallonie / Musée de la
Photographie © Roger Antoine: 58/1.
studio x, Images de Presse, Limours: 59/2.
Le Monde Diplomatique, © Favreau, Paris: 60/1.
Frankfurter Allgemeine Zeitung, Bildarchiv,/ ©
Wonge Bergmann: 60/2 / © Barbara Klemm: 102.
Bernd Auers, New York ©: 62-63.
Kurpfälzisches Museum Heidelberg: 65.
AP Associated Press GmbH Frankfurt /
Canadian Press ©: 72.
Frédéric Bellay, Paris ©: 74-75.
The British Museum ©: 76.
Museum für Völkerkunde der Stadt Frankfurt
am Main (Foto: © Maria Obermaier): 80/1, 80/2.
Wolfgang Schmidt, Ammerbuch ©:82.
Doris Kurella, Stuttgart: (Foto © Douglas
Sharon) 85; (Fotos © Peter Thiele, Stuttgart)
86-87; (Fotos © D. Kurella) 94/1, 94/2, 96/2;
(Foto © Ursula Didoni) 97/3.
Übersee-Museum Bremen (Foto: Gabriele
Warnke) 88/1 (beide).
Jüdisches Museum Wien (Fotos Matthias
Herrmann): 89/2, 89/3.
Weiss/Neumeister, Kehayoff Verlag München
©: 91.
Cathryn Copeland, New Orleans: 100, 101, 106,
107 (alle).
Bayerisches Nationalmuseum, München: 104/1.
Staatliches Museum für Völkerkunde München,
(Foto: S. Autrum-Mulzer): 105/8.
Bildarchiv Preußischer Kulturbesitz, bpk: 109.
Museum für Völkerkunde zu Leipzig (Foto:
Karin Wiekhorst): 113/1-3.
Archäologisches Institut der Gesamthochschule
Paderborn : 115/2-4.

Wir danken den folgenden Verlagen und
Autoren für die Genehmigung zum Abdruck von
Texten:

S. Fischer Verlag Frankfurt am Main (Paul
Celan: Die Niemandsrose, Rose Ausländer)
Gustav Kiepenheuer Verlag, Leipzig (Mythen der
Waurá, Übersetzung von Kristina Hering)
Houghton Mifflin Company New York (Epistle to
be Left in the Earth von Archibald MacLeish,
aus: Collected Poems 1917-1982. © 1985 by the
Estate of Archibald Mac Leish).

The Jewish National and University Library
Jerusalem, Dept. of Manuscripts and Archives
(Albert Ehrenstein)
Alfred Kernd'l, Berlin für die Übersetzung des
Textes von Huai Nan Ze
Suhrkamp Verlag Frankfurt am Main(Theodor
W. Adorno, E. M. Cioran)